I0494718

少年视角

加州地标非传统照片

作者：里奇·史密斯〔Riki Smith〕
中文翻译：梁劲棉

照片及评论：里奇·史密斯
中文翻译：梁劲棉
封面照片：**K. S. S.**

这本书献给我在美国的祖母和我在日本的奶奶和爷爷，以及那些养活我的人。

目录

前言

成年人想要去了解青少年的时候，他们通常都是去看我们选择什么样的音乐，社交媒体以及**YouTube**。虽然这些东西会会提供大量的信息，然而并不完整。这很容易使大人误会，他们以为青少年和自己一样，都是以同样角度去理解世间万物的。只能说，这有时候是对的，但是很多时候，我们看到的形状，颜色和对象都有着不同的视角。

拍摄这本书中的照片时，我一直在寻找一种独特的方式。我不希望我的照片看起来像那些旅行杂志的照片一样。我想表现 照片里的事物是如何与周围环境融为一体的。我还想让人们看到，阴影如何改变一个物体的外观，从而使之多变。

《少年视角-加州地标非传统照片》是我的图片论文，它包含两个著名的加州地标：约书亚树国家公园和索尔顿湖，还有两个不为人所熟知的标志性建筑：救赎山和板桥市(SLAB City)。大部分照片是使用单反数码相机拍摄的。 这使我更加容易描述我所 看到的东西以及理解他们的方式。其他照片则使用了智能手机的摄像头，在我不想掏出相机的时候，这种方式可以使我快速拍下美丽的照片。我并没有想拉我的其他相机的其他照片拍摄。所到之处我都写了一些评论文字。

总行程历时**16**小时。我们驱车**551**英里（**887**公里）。其中我自己亲自开了**5**英里（**8**公里）。 在旅途中，我们最高抵达**5,185**英尺(**1,580.4**米)海拔（约书亚树国家公园的观景台）和最低**227**英尺(**69.19**米）海拔（索尔顿湖）。

约书亚树国家公园

约书亚树国家公园位于加利福尼亚州东南部。它于**1936**年被指定为美国国家纪念碑，并于**1994**年成为美国国家公园，约书亚树国家公园的命名来自于约书亚树，一种大型丝兰，同时也是莫哈维沙漠的代表性植物。约书亚树国家公园占地面积约**760626**英亩（合**1,235.37**平方哩/ **3,199.59**平方公里）。公园包括两部分沙漠 - 莫哈维沙漠和科罗拉多沙漠。小圣贝纳迪诺山脉贯穿该公园的西南边界。约书亚树公园由**100**多万年前的壮观岩层组成，上面有令人惊叹的植被和壮丽的沙漠。

去之前，我觉得去一个离家**150**英里（**214.4**公里）的国家公园没啥意思。它和别的国家公园没啥两样，不都是树木和远足小径么？但没有想到看到的景色如此令人振奋。在这里我看到了有趣的帝王谷以及岩层。另外我还很喜欢的一点是，这是非常安静，很平和。

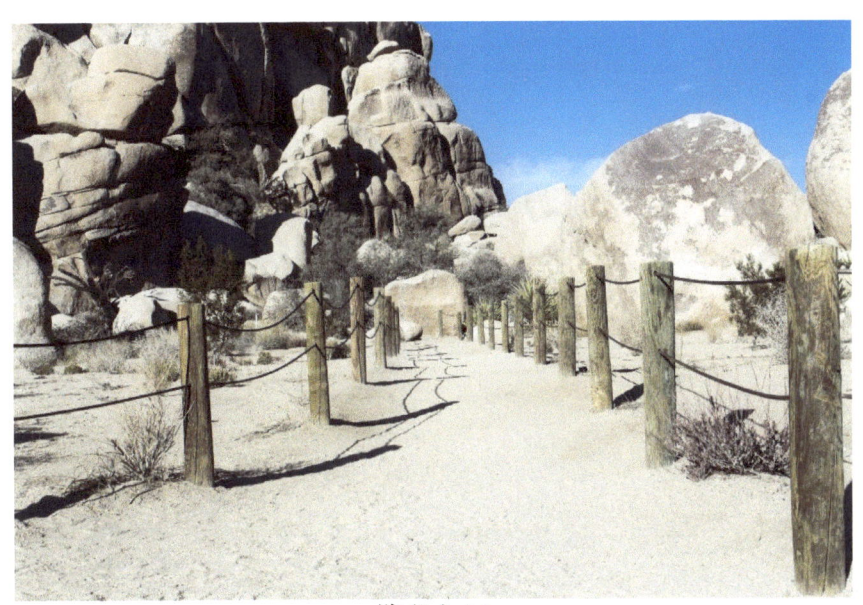

隐谷入口

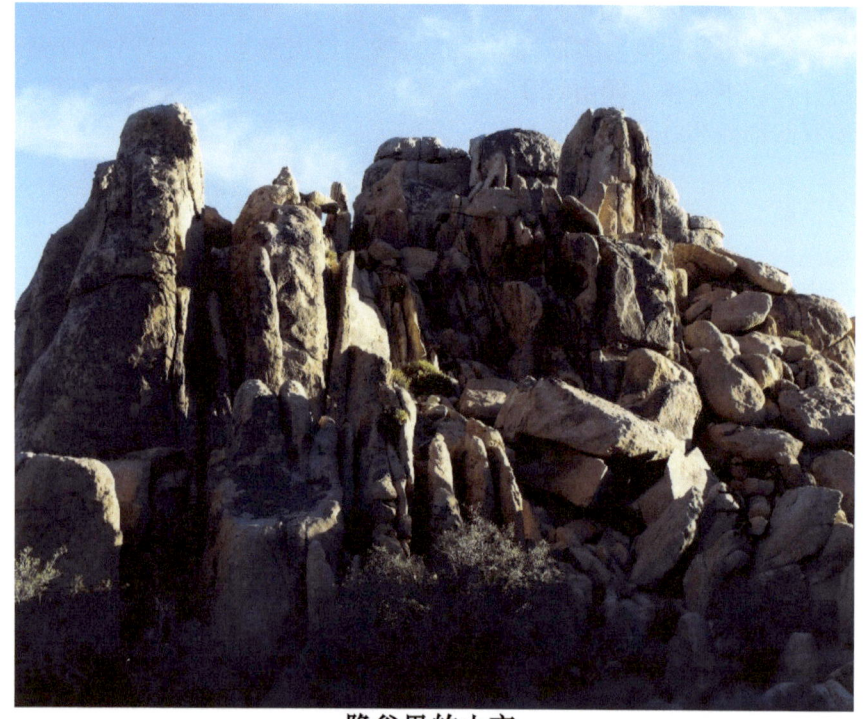

隐谷里的山峦

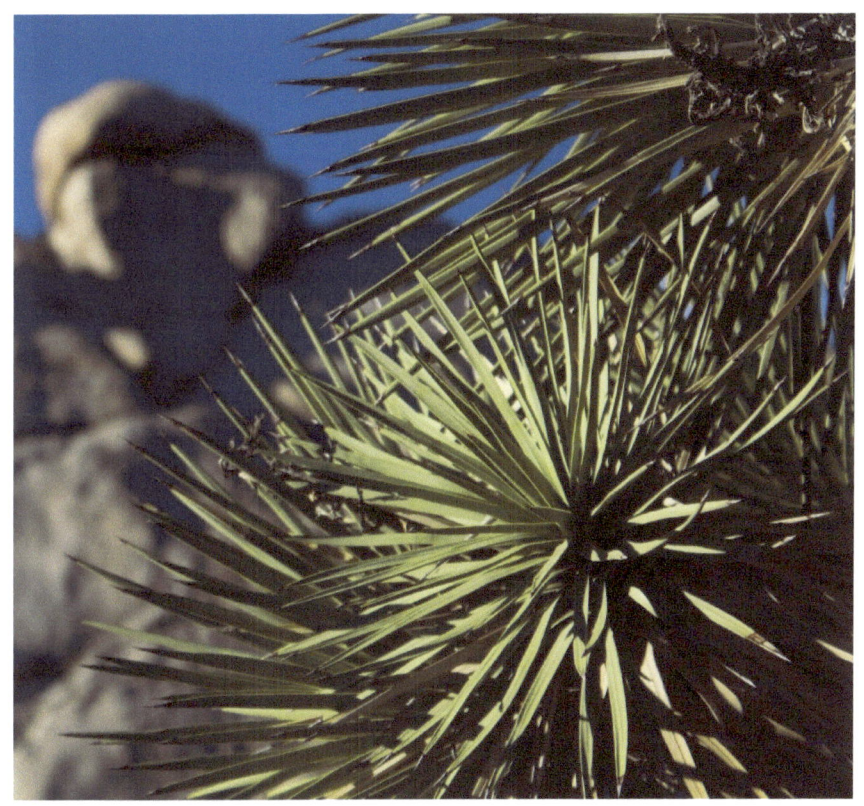

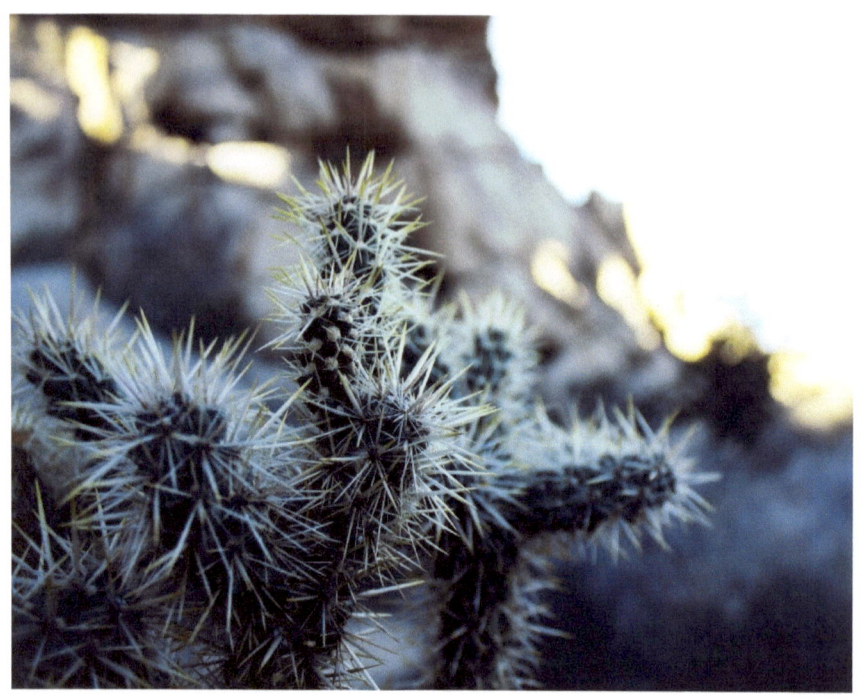

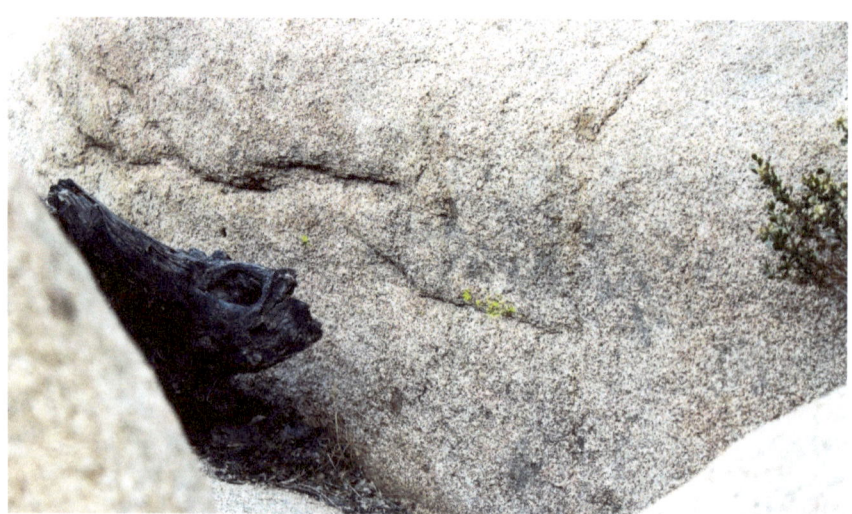

树枝，看起来像一张脸

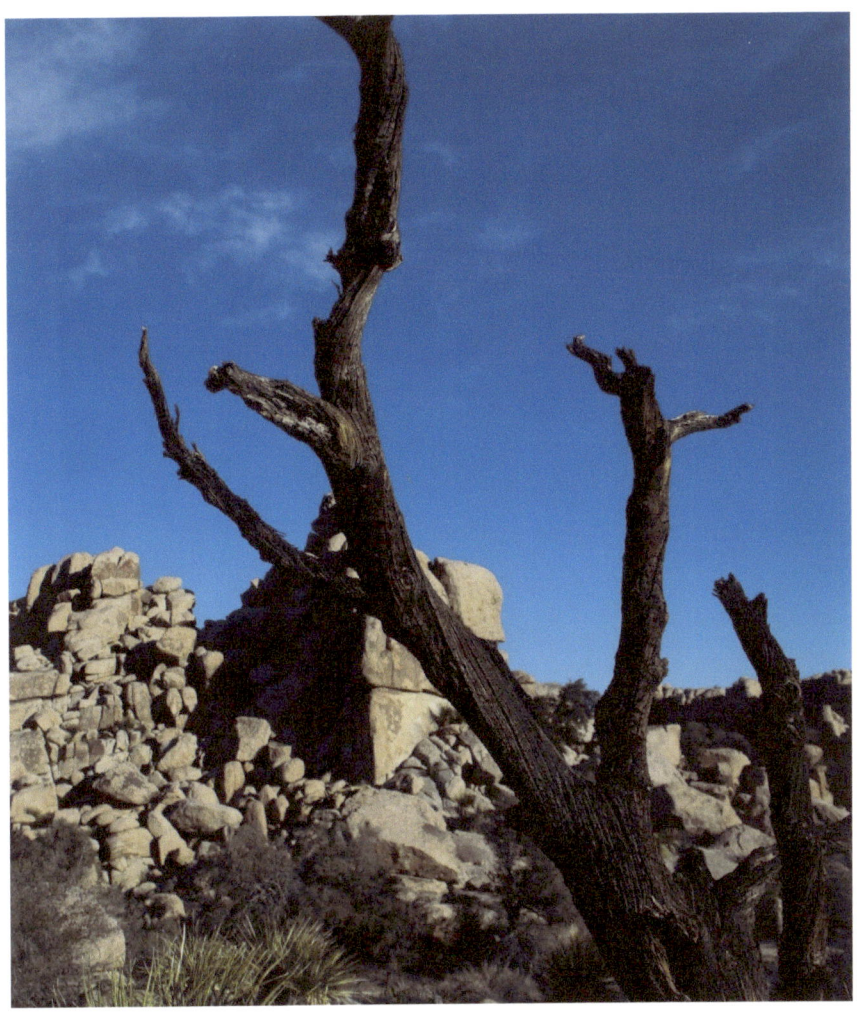

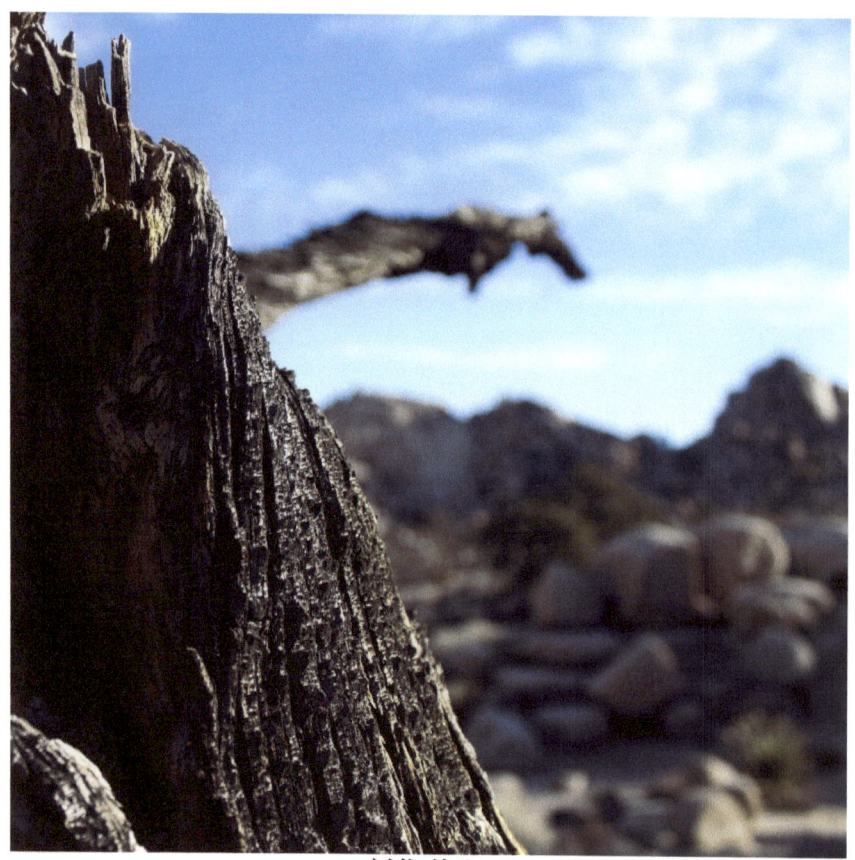

树指着山

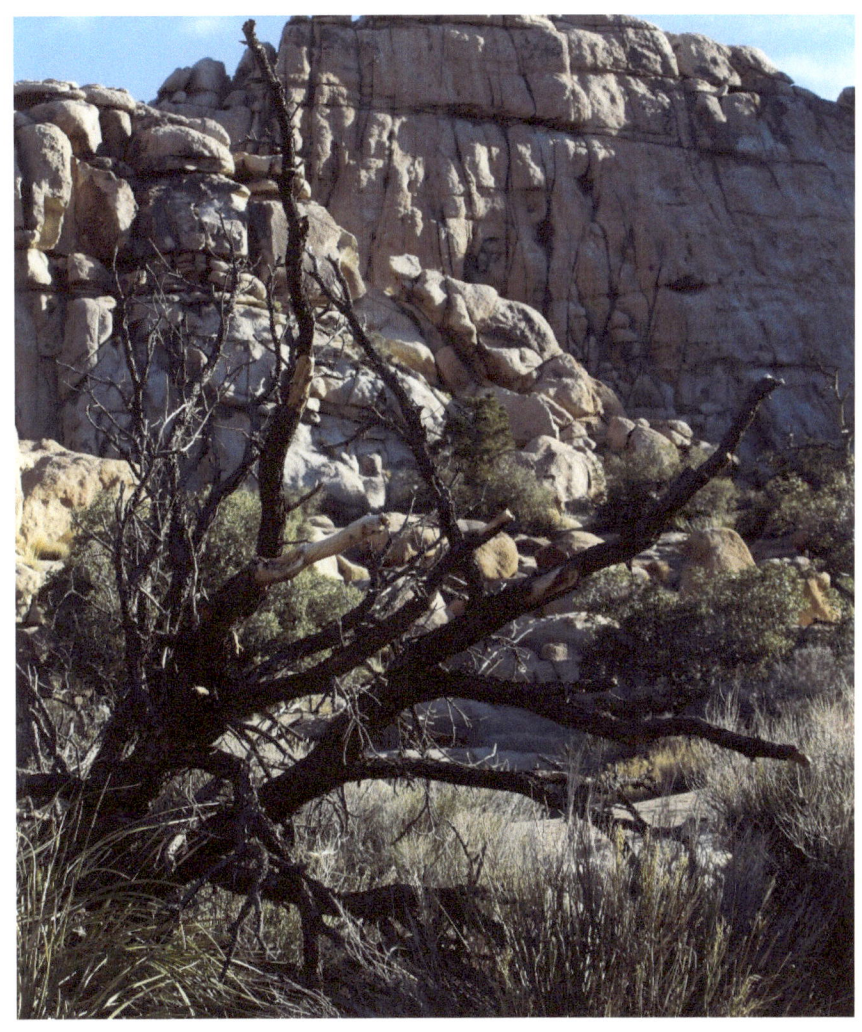

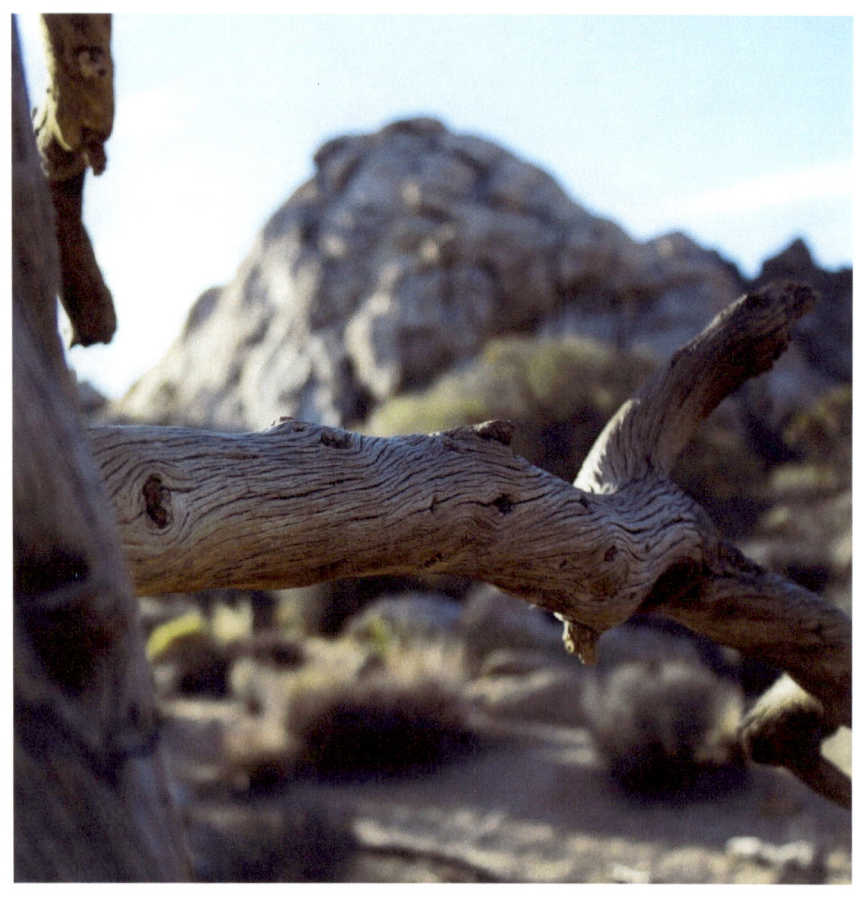

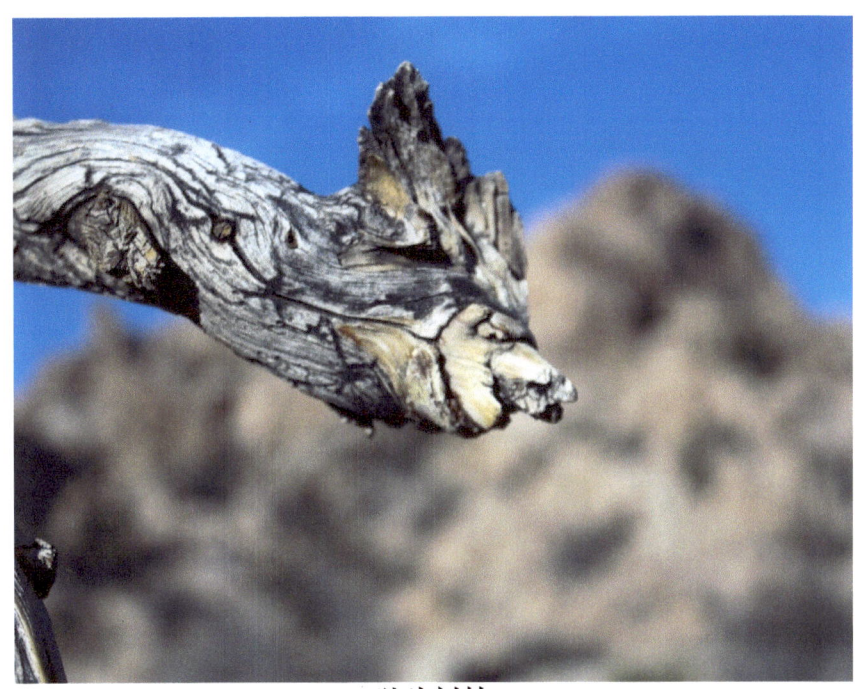

狼头树枝

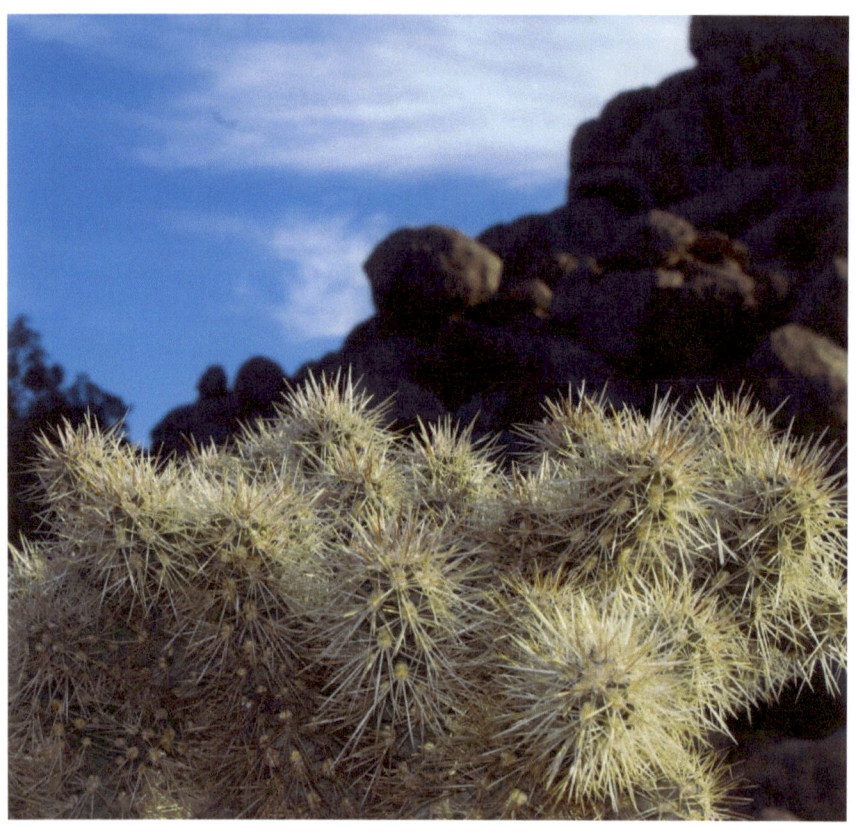

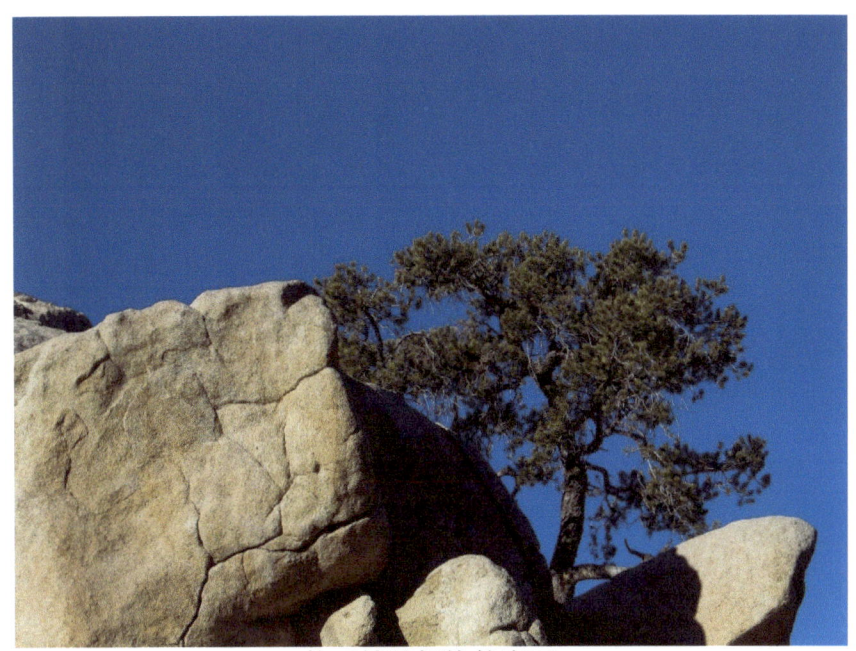

伸手等待拥抱的岩石

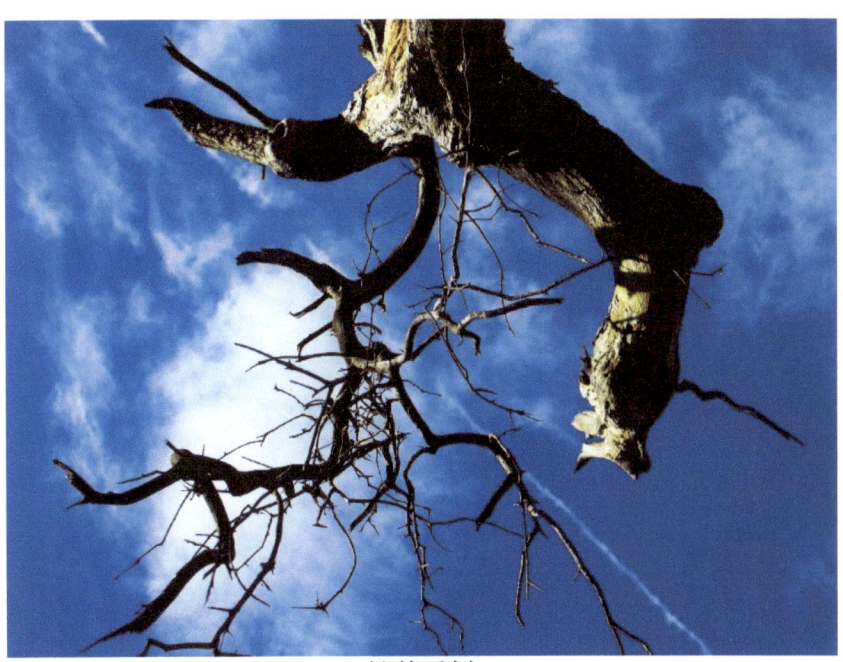

躺着看树

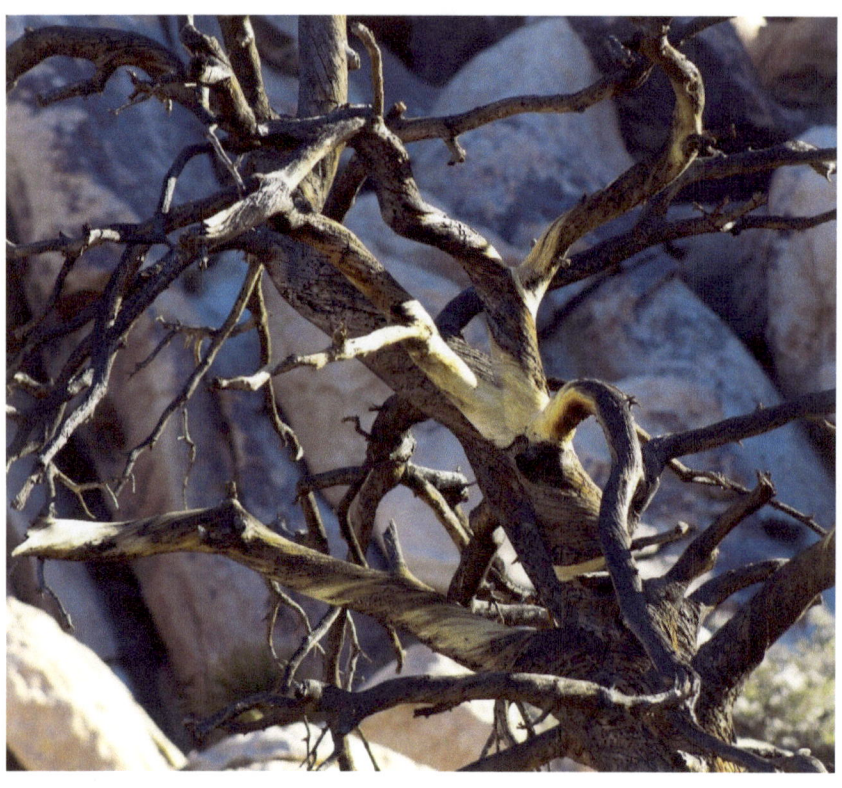

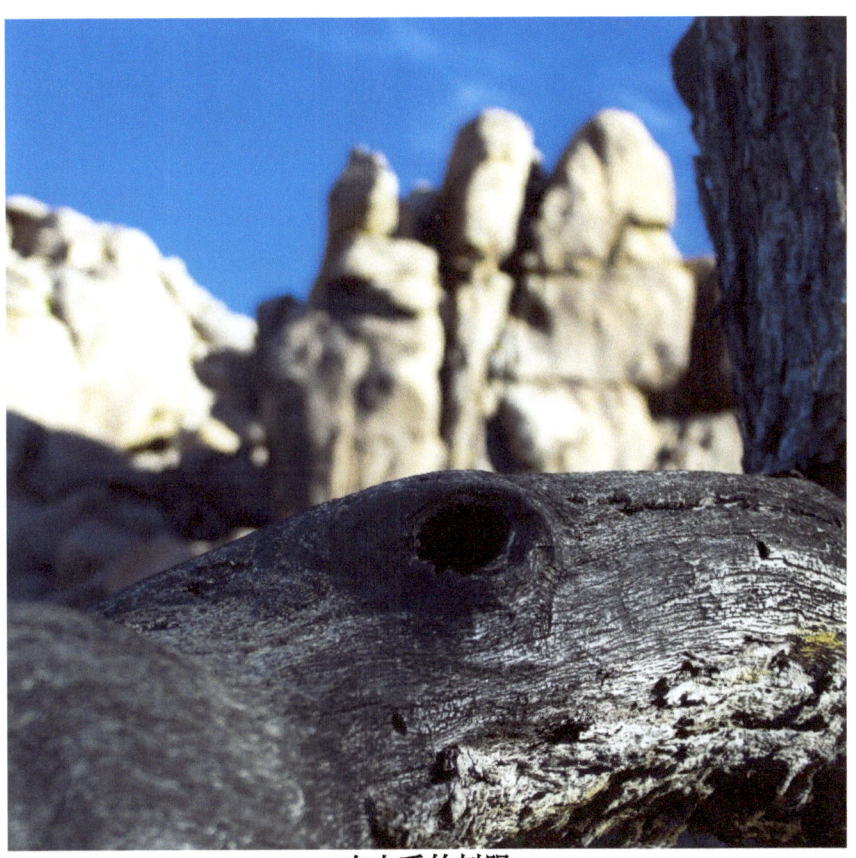

向上看的树眼

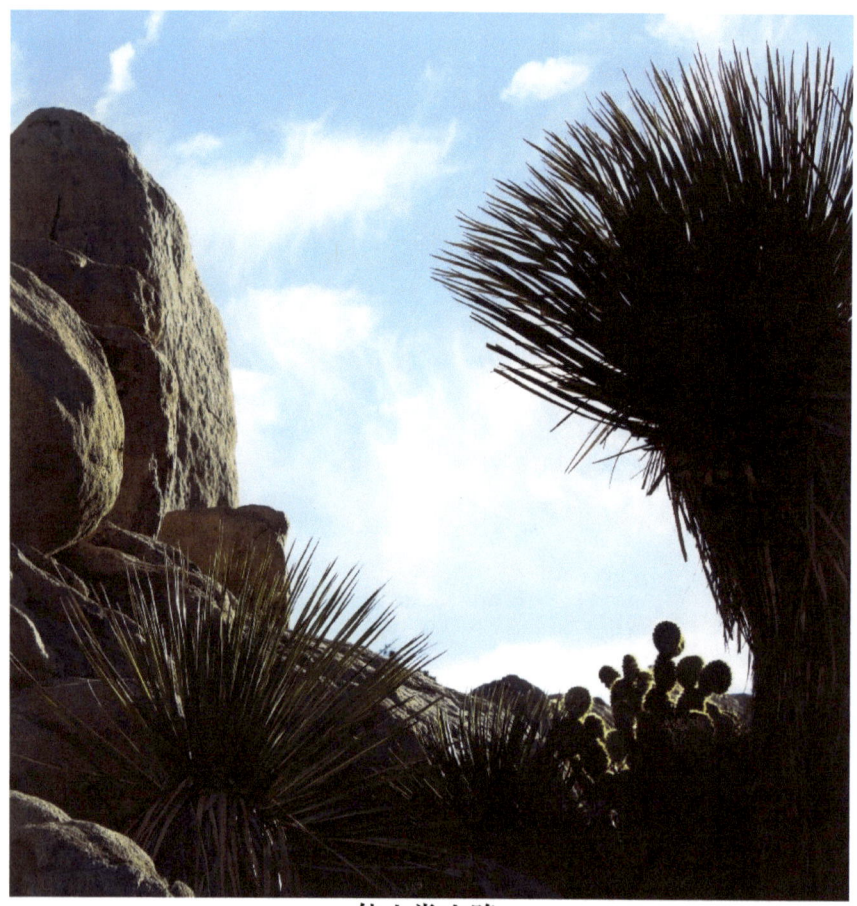

仙人掌山路

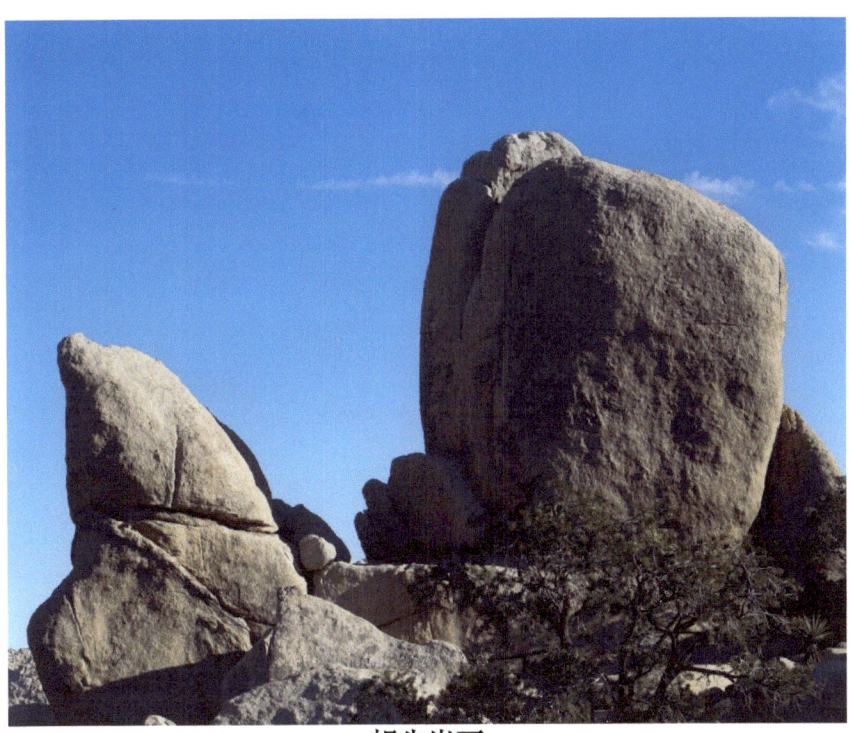

蜗牛岩石

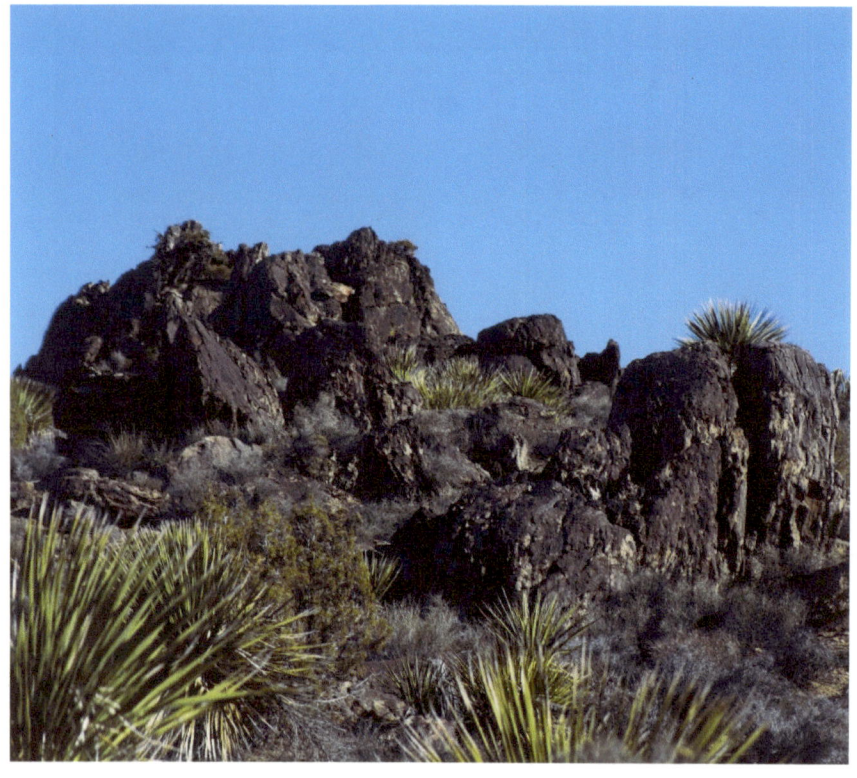

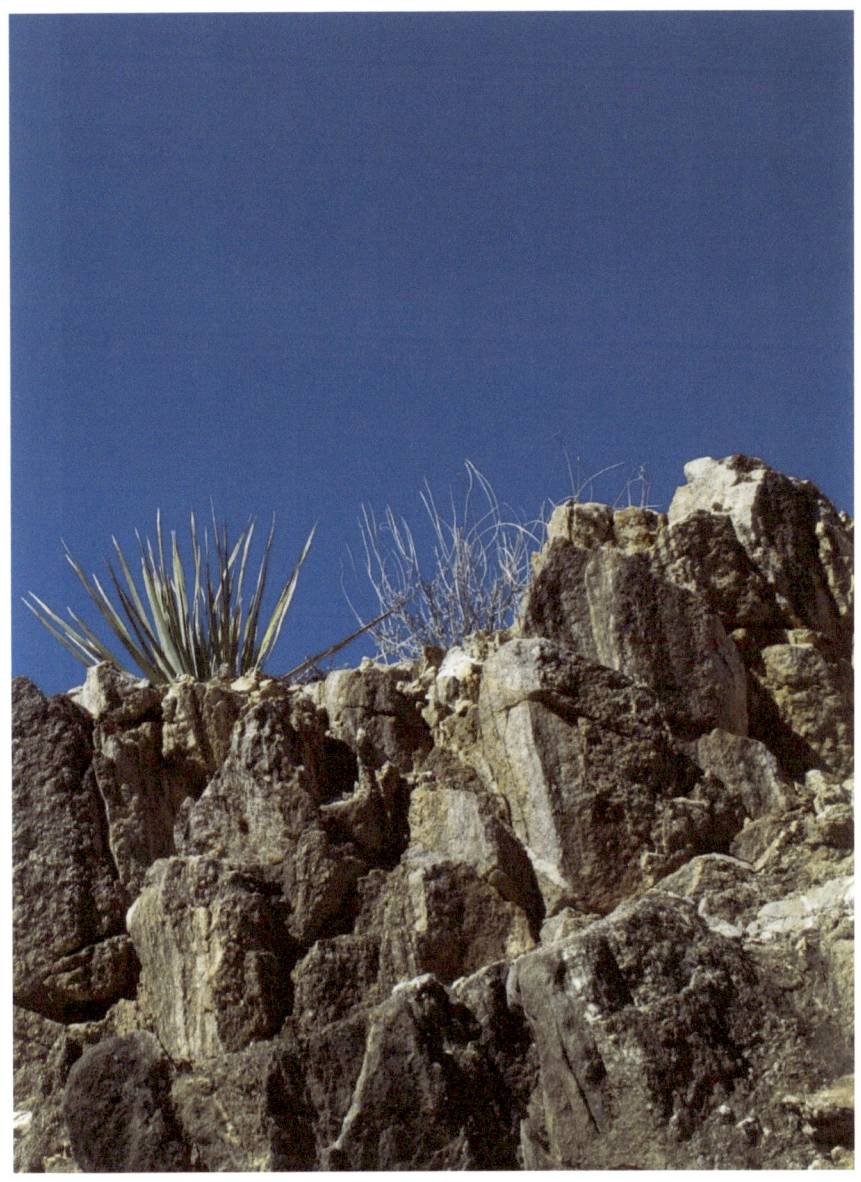

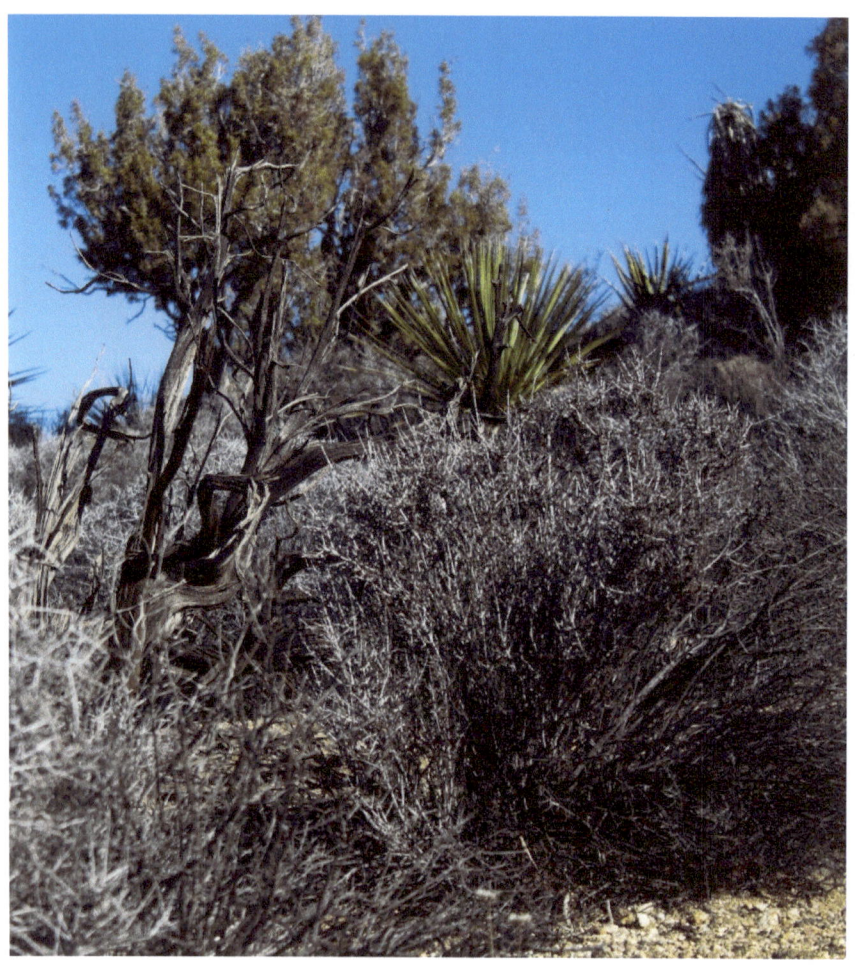

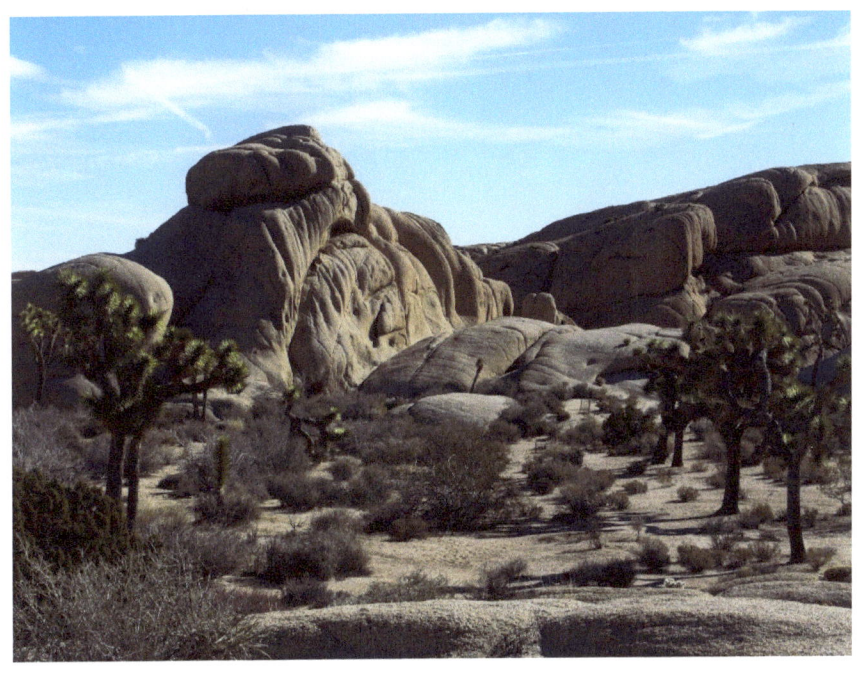

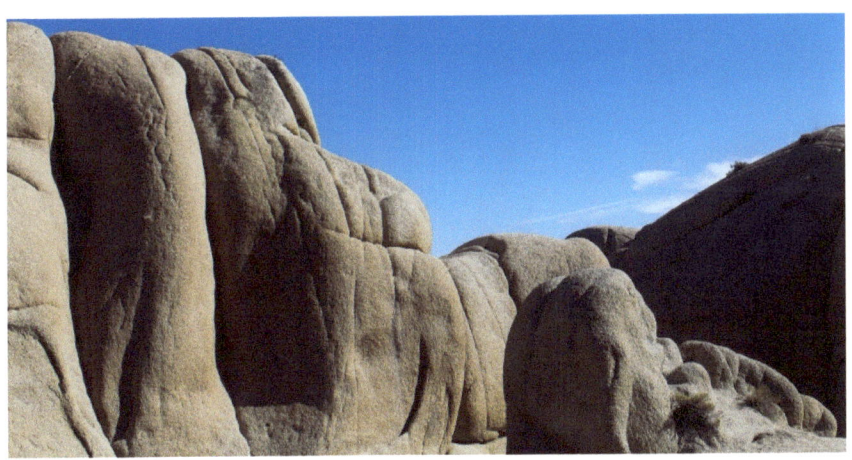

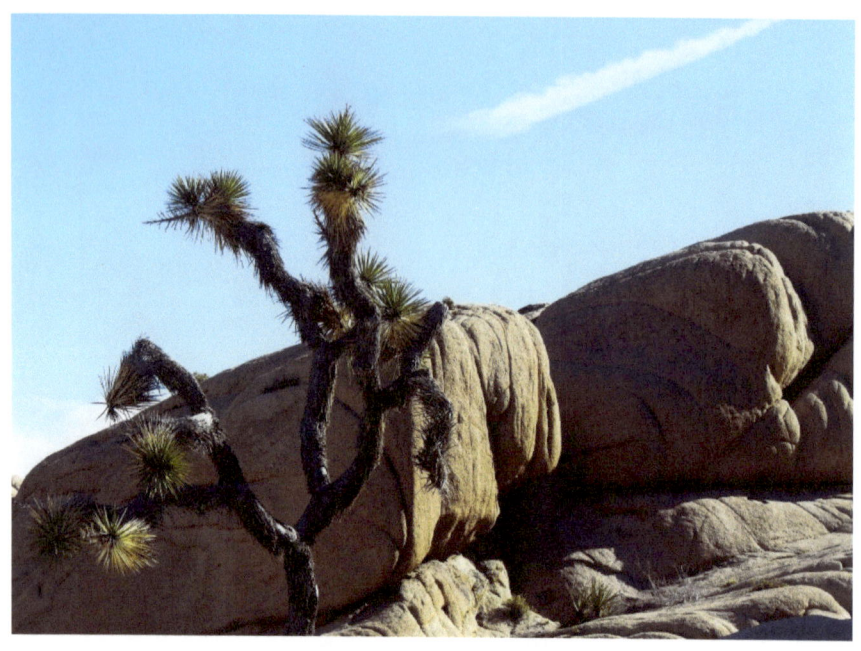

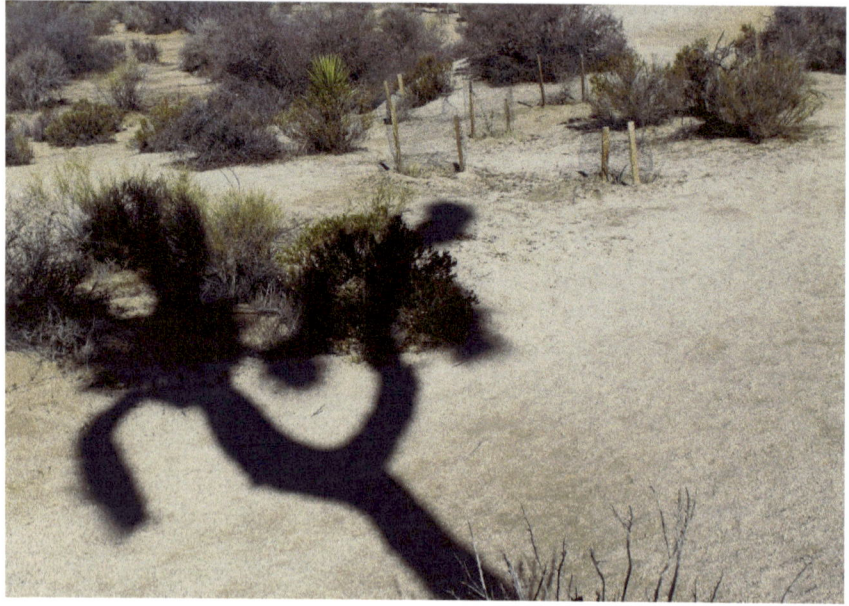

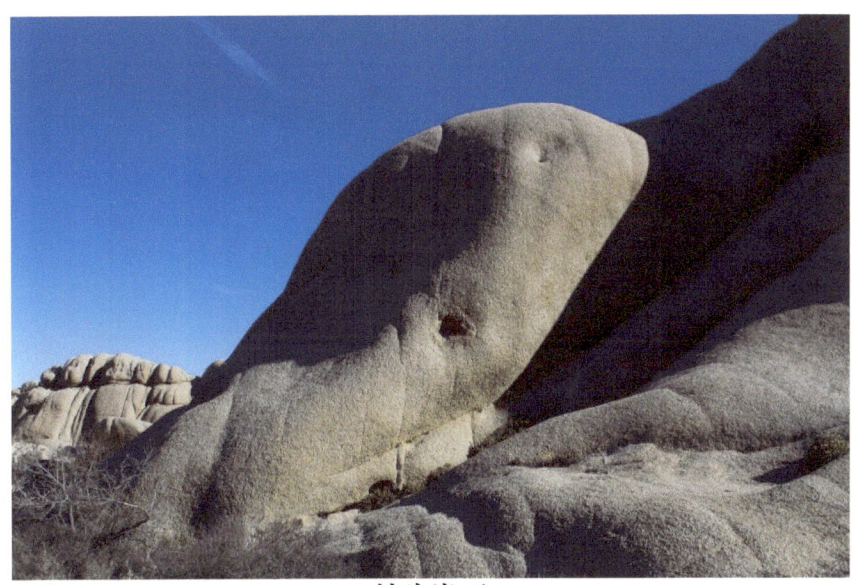

蛇头岩石

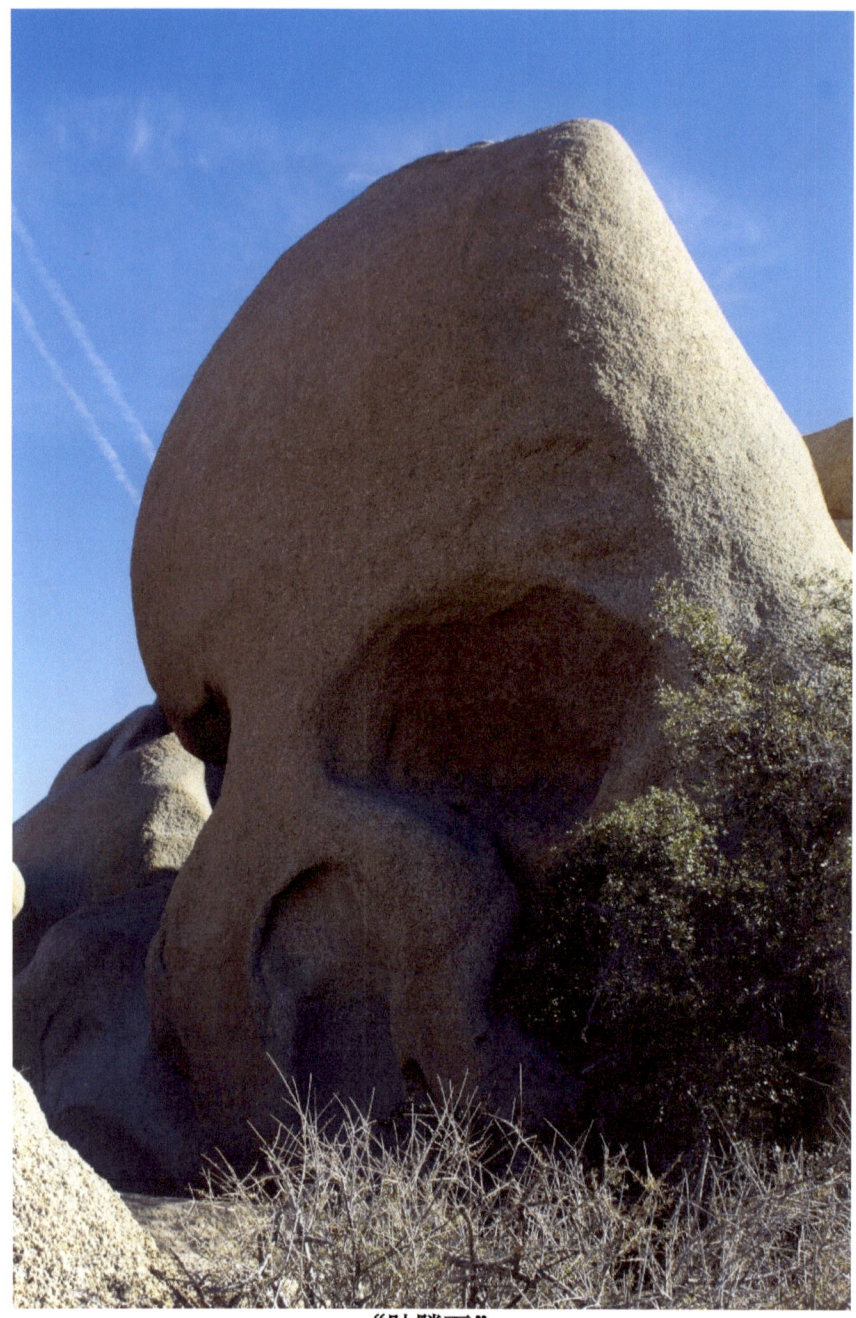

"骷髅石"

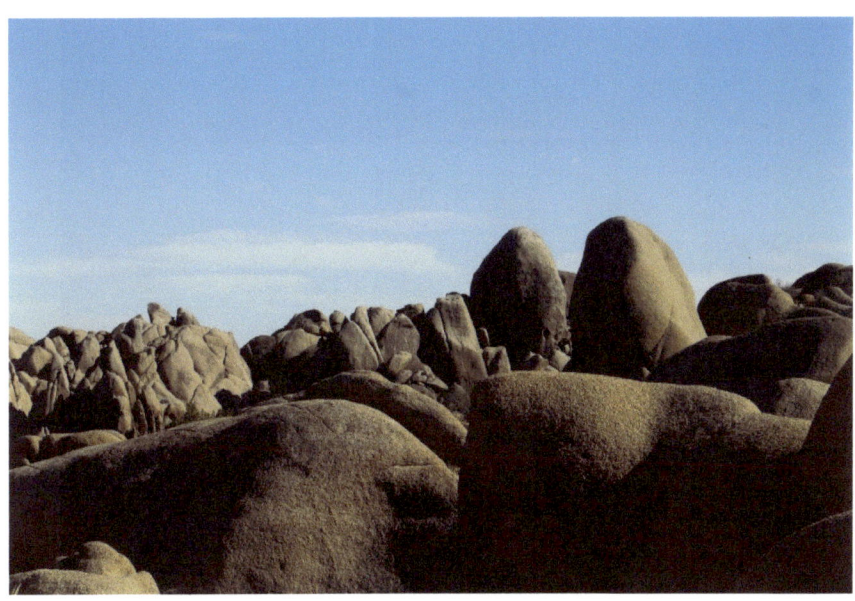

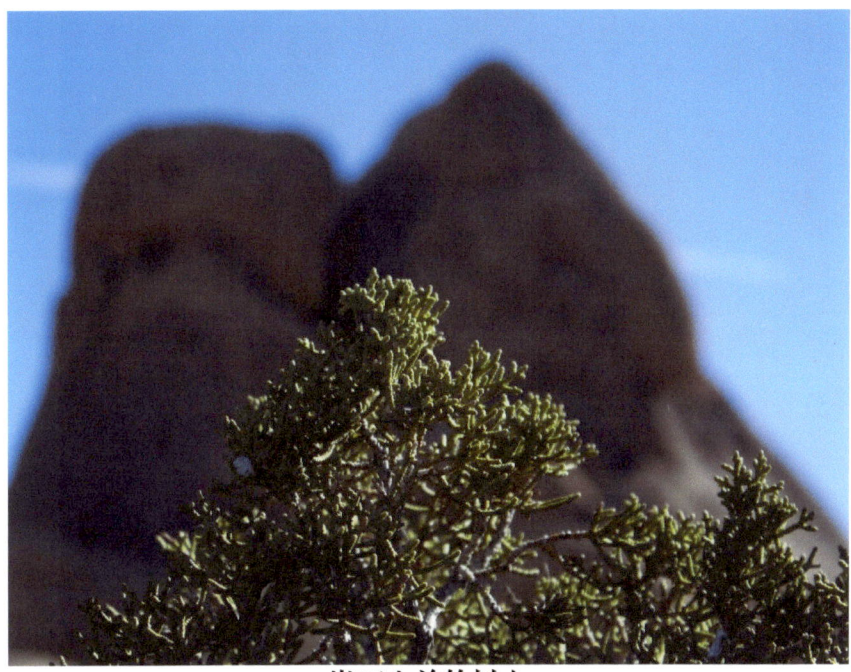

岩石山前的树山

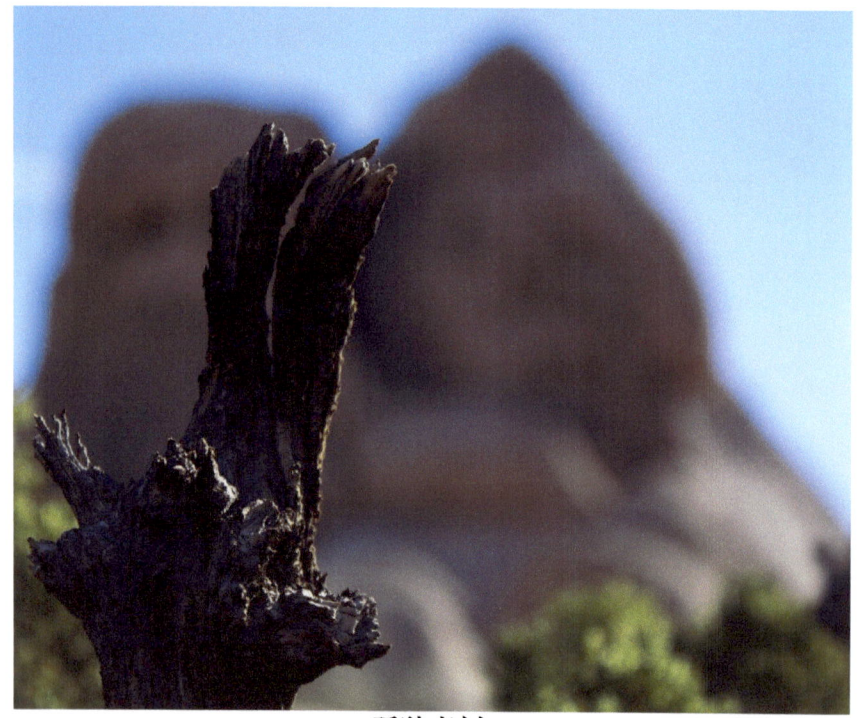

孤独老树

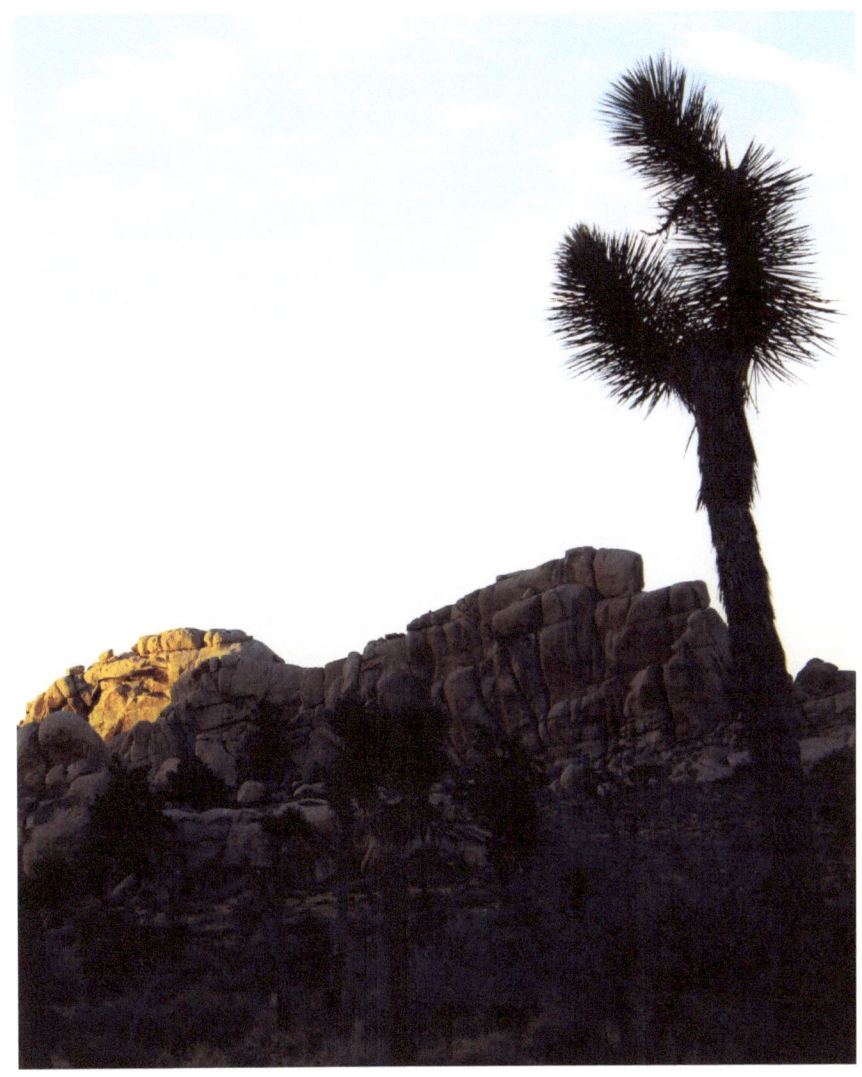

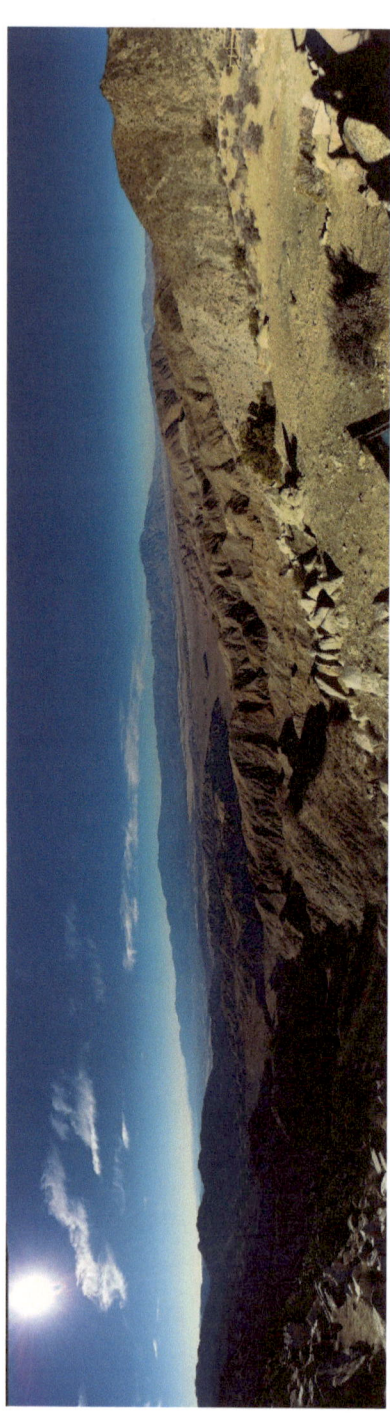

小圣贝纳迪诺山脉顶峰的观景台

索尔顿湖

索尔顿湖是世界上最大的内陆海，低于海平面**227**英尺（**69.19**米），是地球上的最低点之一。这片海约长**35**英里（**56.33**公里），宽**15**英里（**24.14**公里），深**30**英尺（**9.14**米）。它最早形成于**1905**年，当时一个科罗拉多河建筑队工人在河边开凿了一个突破口，引导水流入了索尔顿海槽。河水持续流入了**18**个月，直到工程师用巨石把突破口堵上。

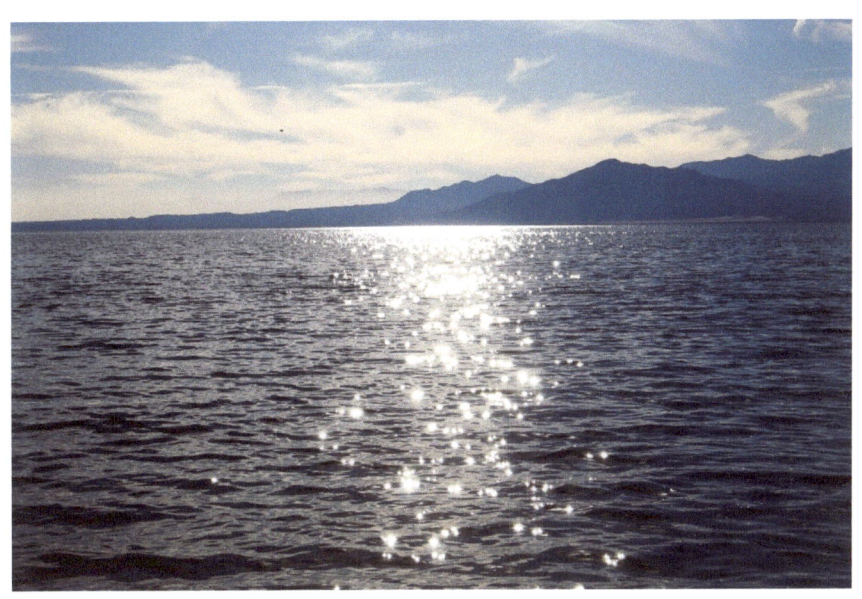

索尔顿湖的含盐量极高。实际上比太平洋还高。由于含盐量太高，很少鱼类可以生活在索尔顿湖。而生活在其他河流和运河的淡水鱼被冲入索尔顿湖河，被咸死之后冲到岸边。因此，索尔顿湖岸边堆满了死鱼和鱼骨架。不像其他覆盖着沙子的海滩，索尔顿湖滩上全是死亡干枯的藤壶和小碎鱼骨。

去索尔顿湖前，我认为那是一个很奇怪的地方，因为整个湖岸边都是死鱼。查了一些资料后，发现它似乎更有趣了，所以我更想去啦。走在沙滩上，感觉真的很奇怪。海滩没有沙子那么硬。它很柔软，感觉我的脚会陷进去但实际又不会。我去了之后，看到满地的死鱼，味道又难闻，感觉甚是有趣。 从来没闻到过比这更难闻的了。

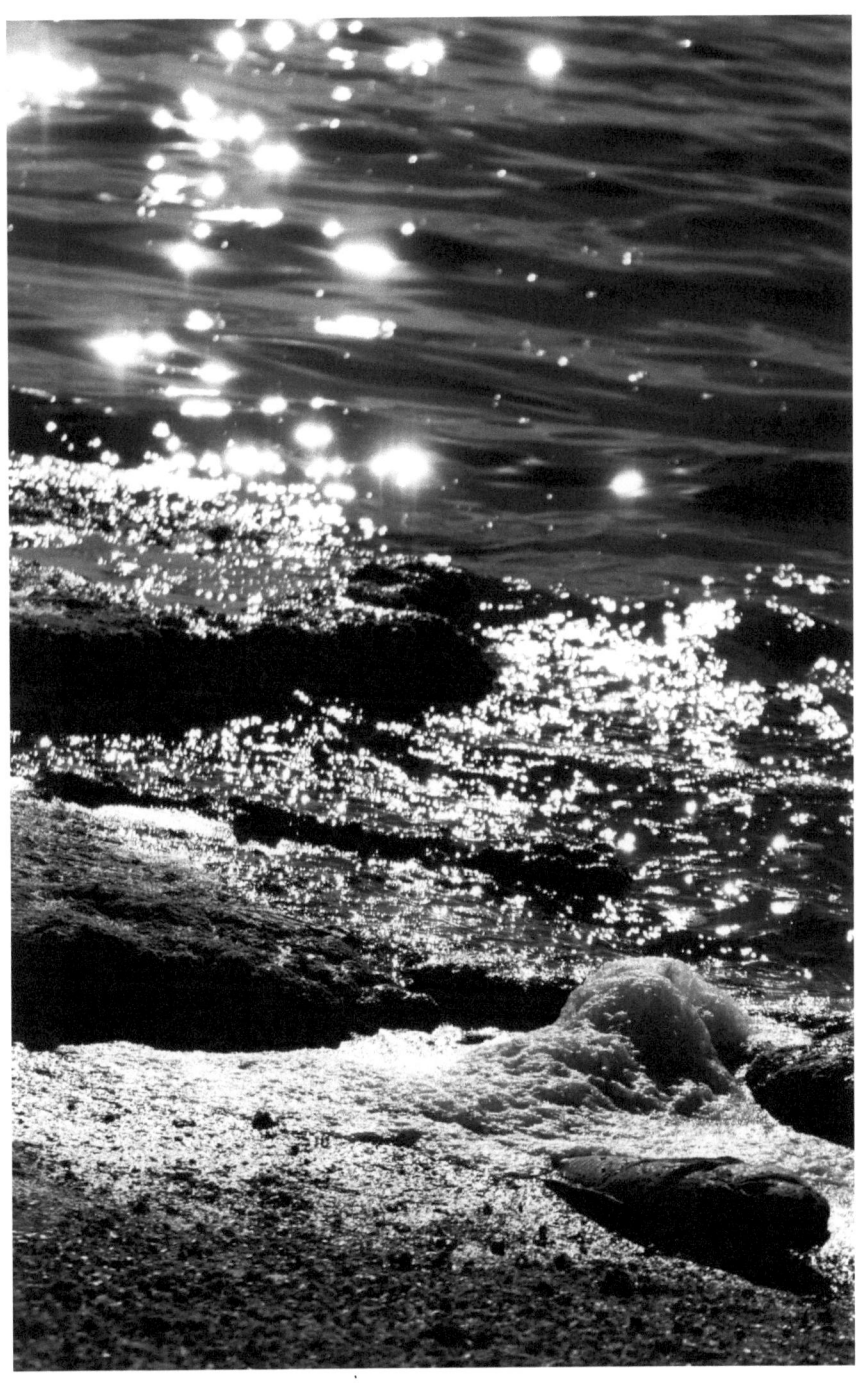

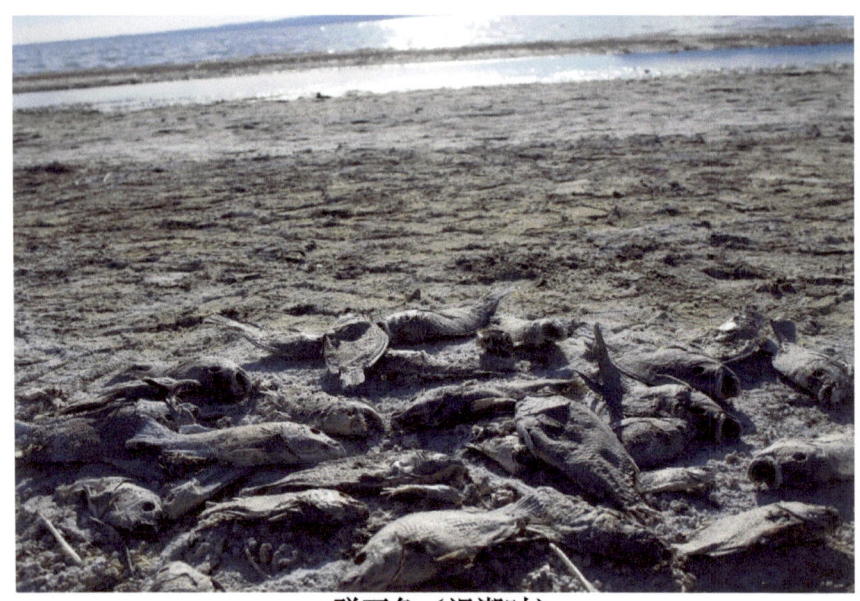

一群死鱼（退潮时）

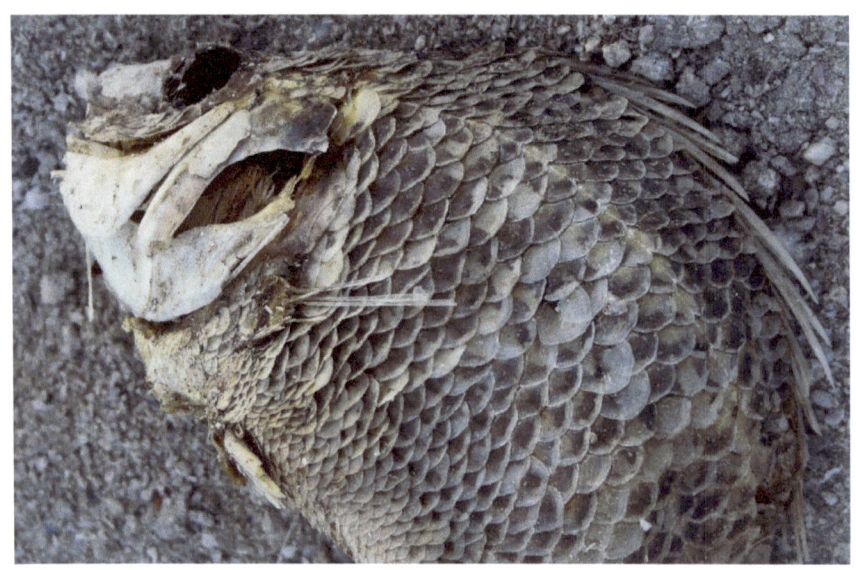

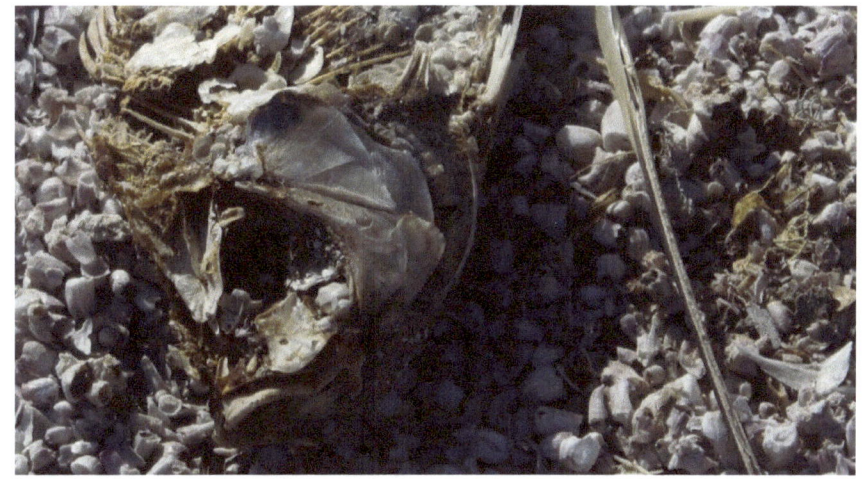

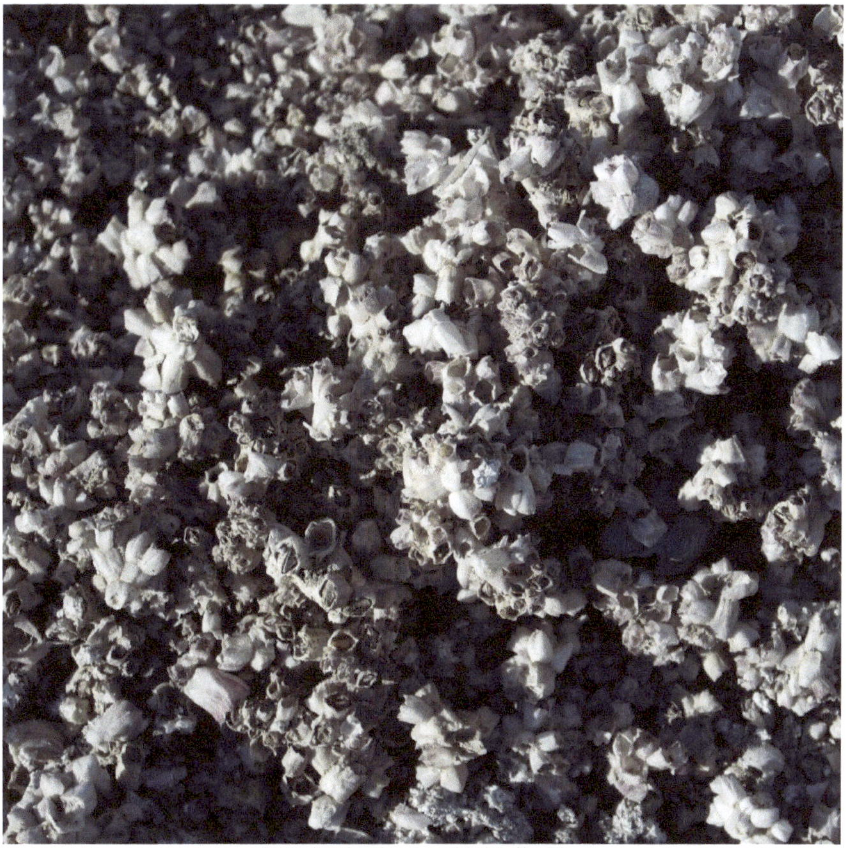

索尔顿海滩（干枯的藤壶）

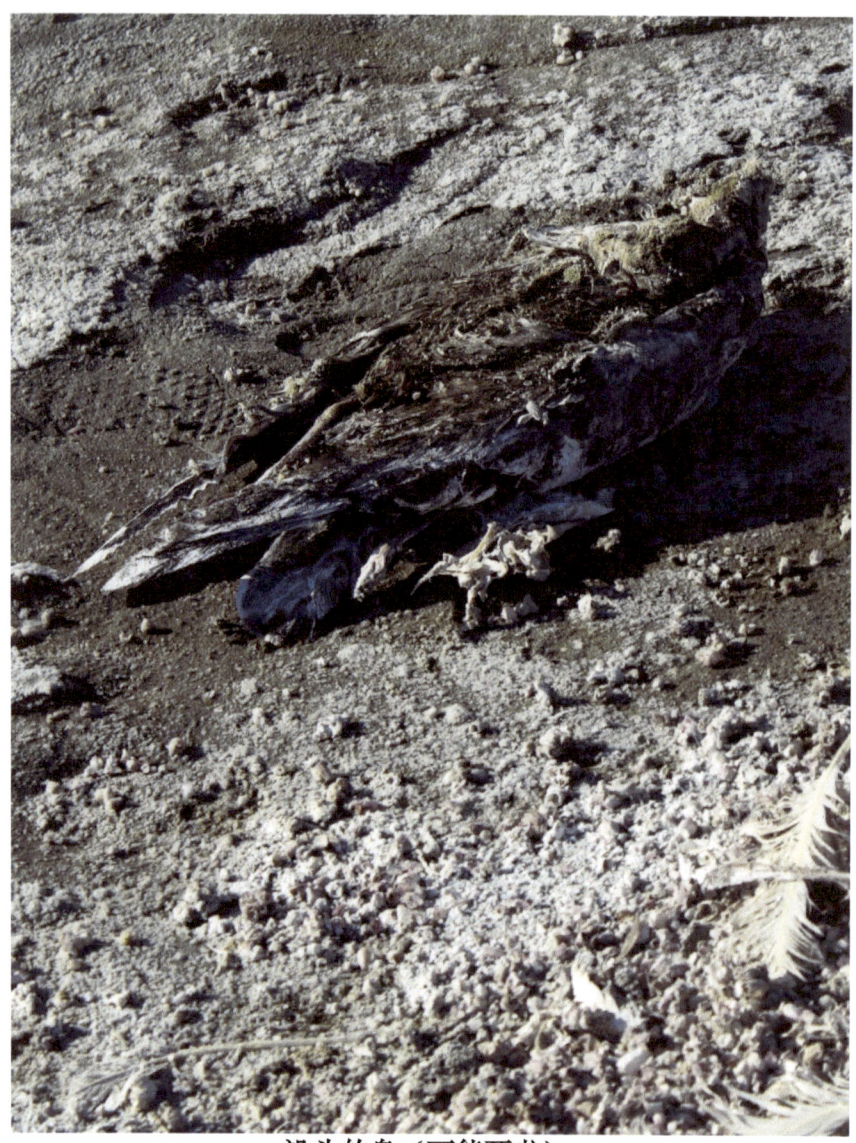

没头的鸟（可能死啦）

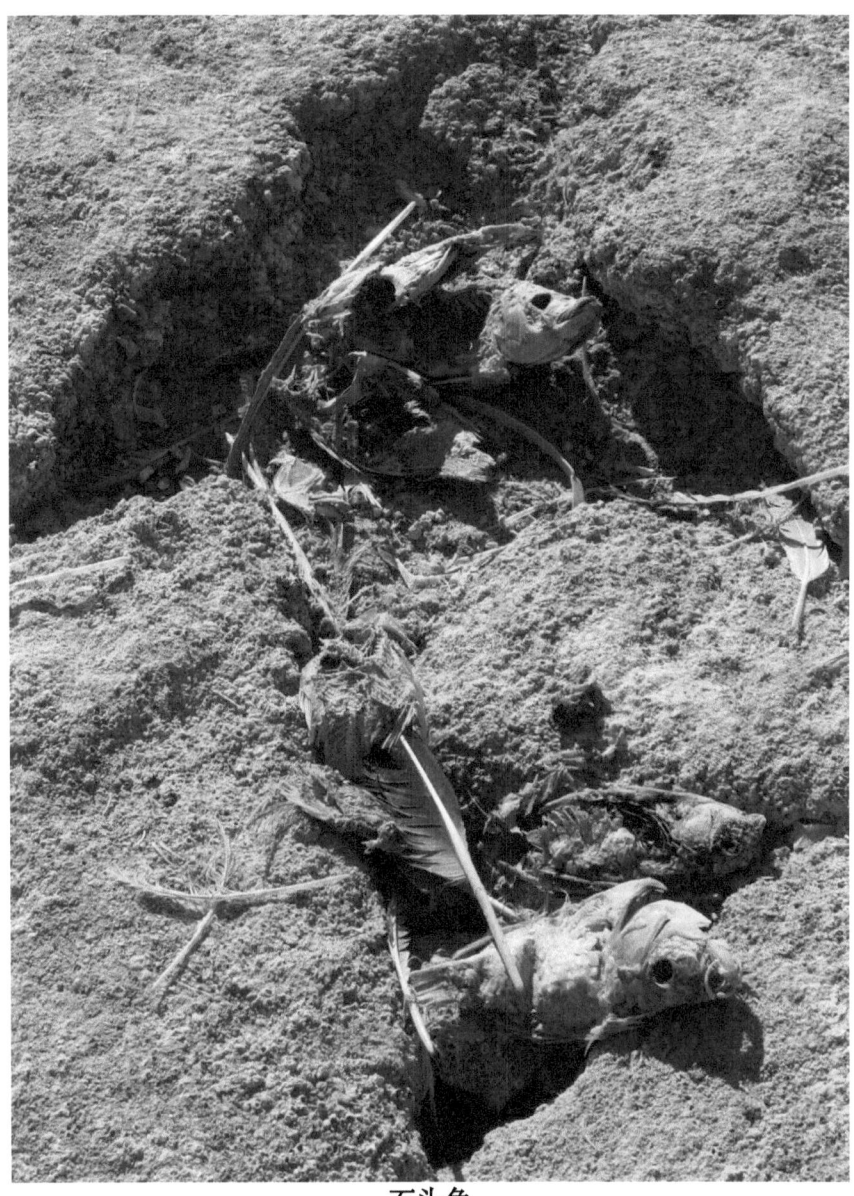

石头鱼

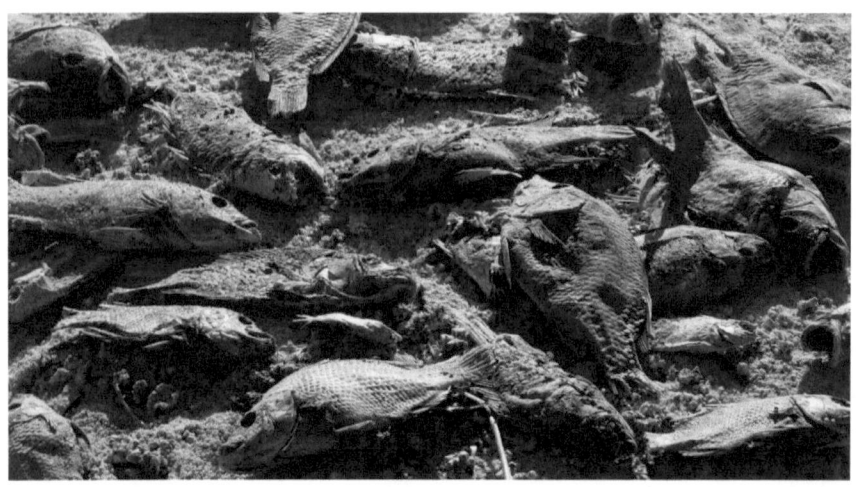

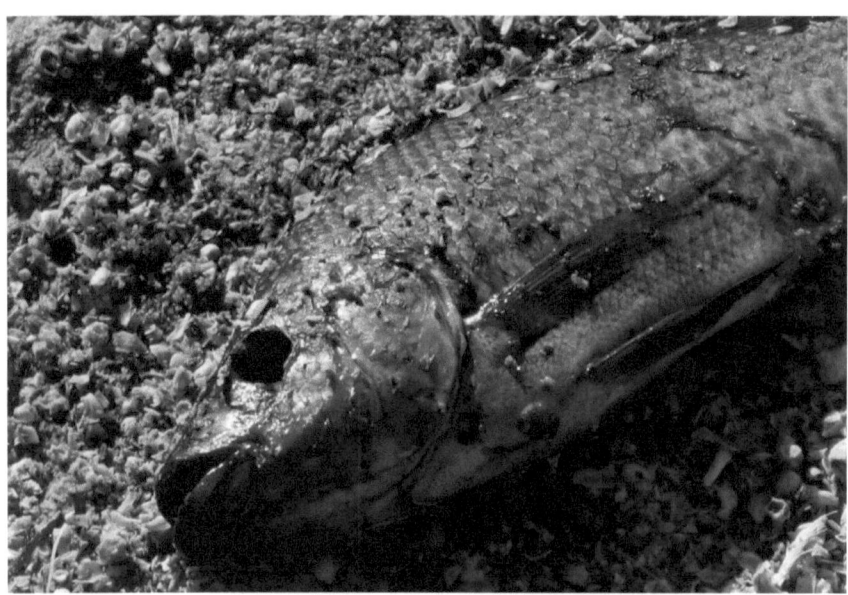

鸟吃鱼眼睛（或者我应该试试）

救赎山

救赎山位于科罗拉多沙漠的一座小山上，加州棕榈温泉东南部约**81**英里（**130**公里）处。这座山是由土砖，秸秆和数千加仑的无铅油漆制成的艺术品。上面有无数壁画和基督教经文。建造者是当地居民**Leonard Knight**，他于**2014**年去世，享年**82**岁。

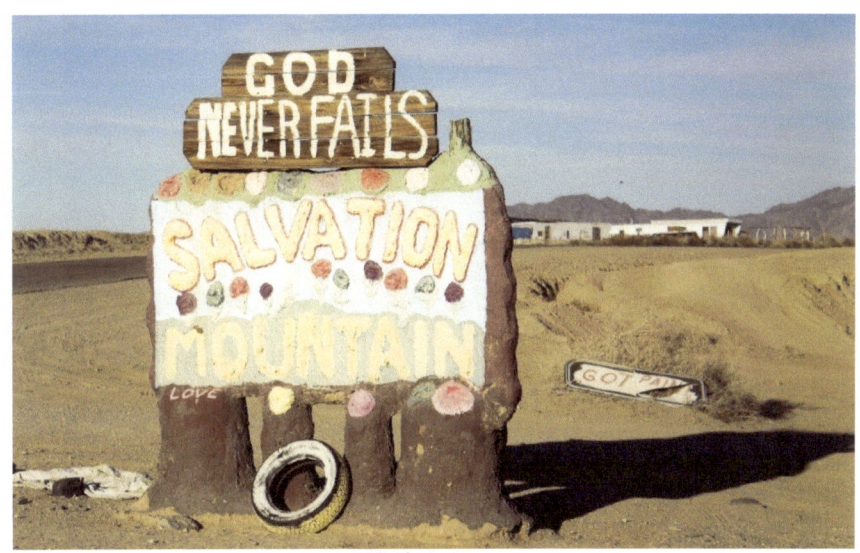
救赎山入口

我觉得拯救山酷毙了！之前在网上看了不少照片，总希望有一天可以亲眼去看看。而亲眼看到之后，真是感觉不虚此行。我认识的人里面很少有去过的，而我却去啦，好开心！这座山五颜六色，非常酷。想到一个老人用油漆和一座小山来表达他对上帝的爱，这点很令我着迷。

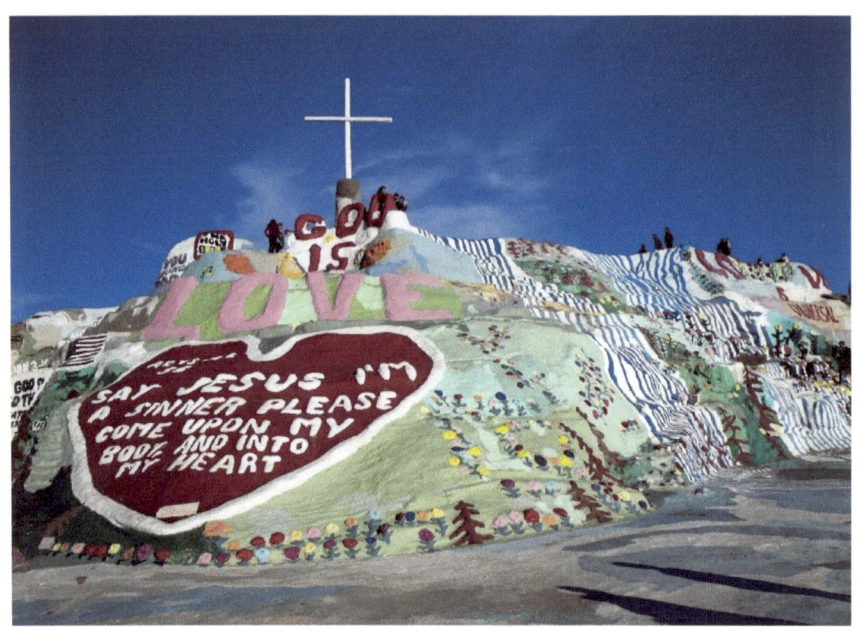

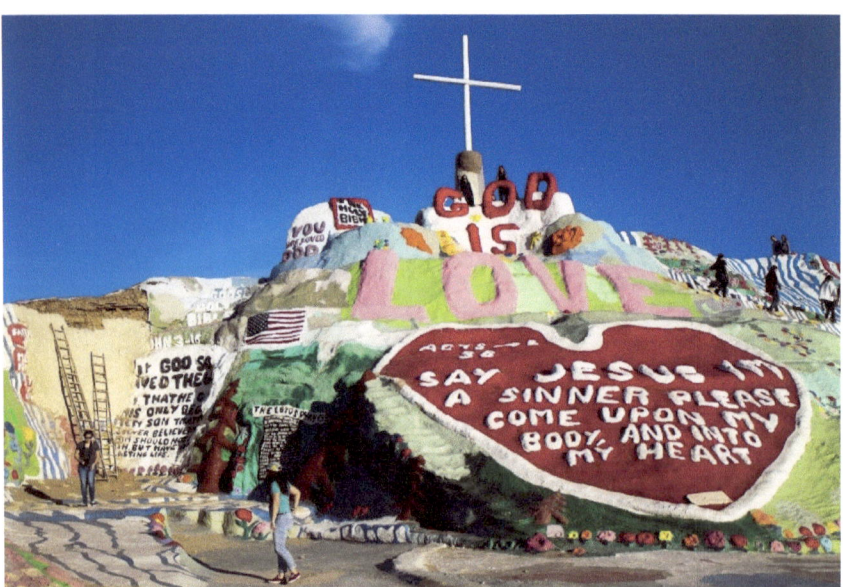

救赎山

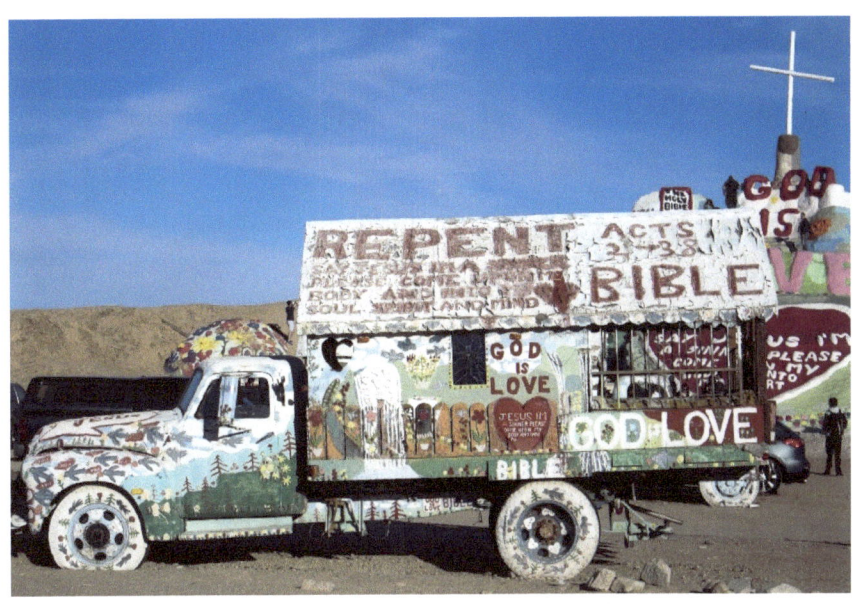

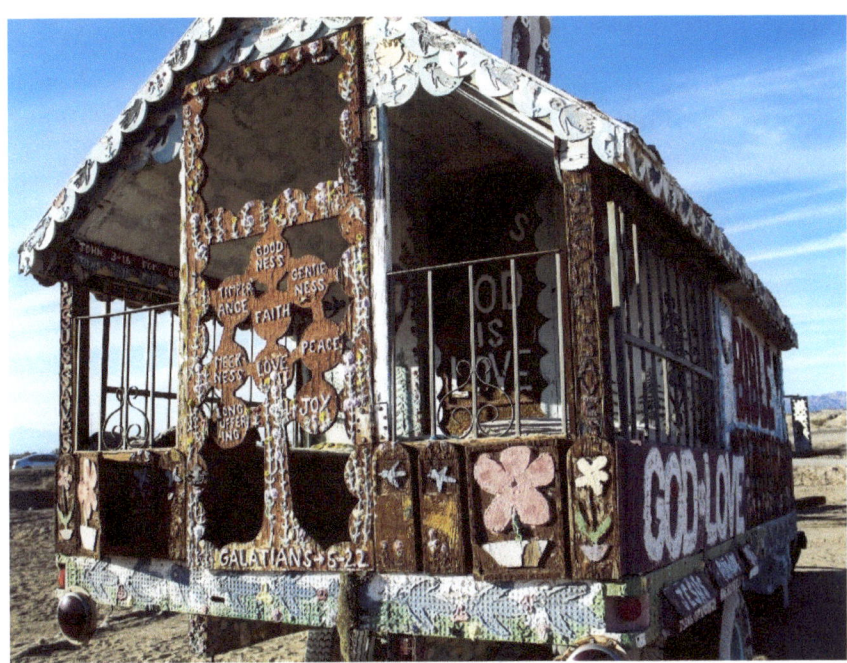

救赎山卡车

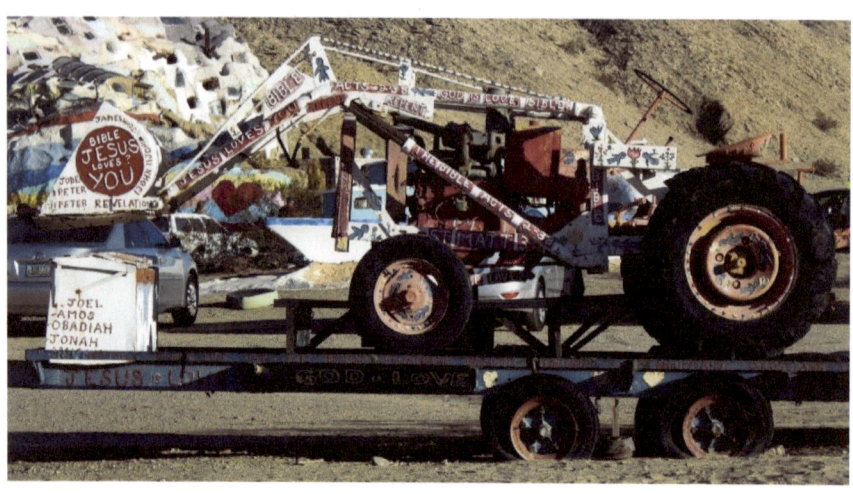

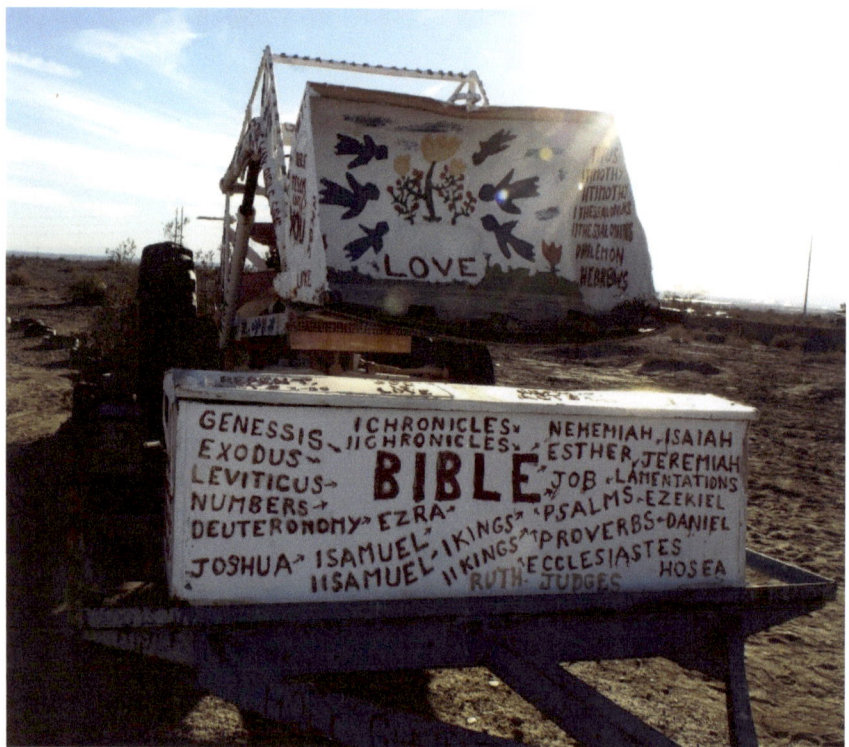

救赎山拖拉机

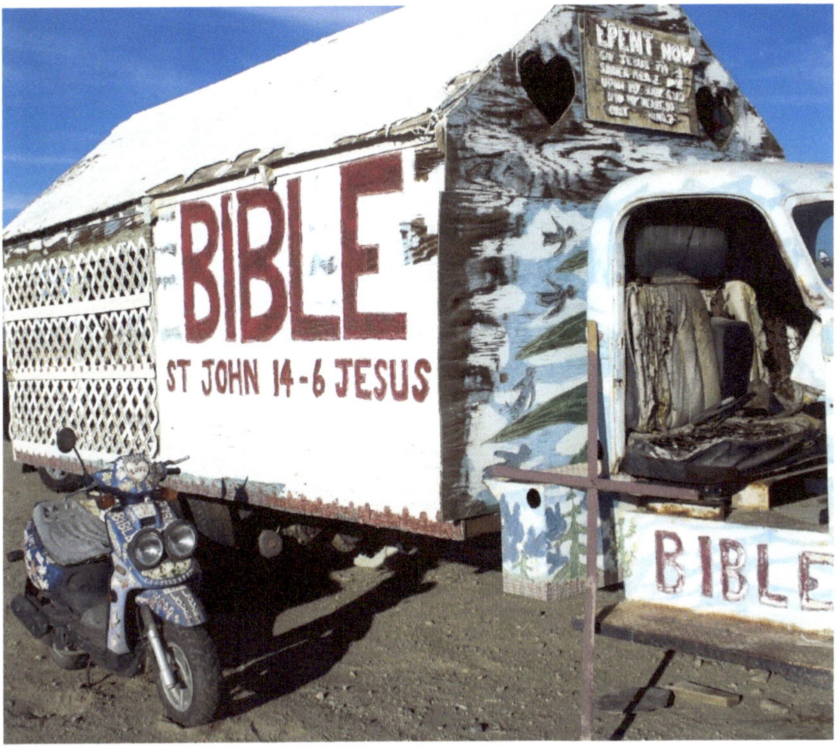

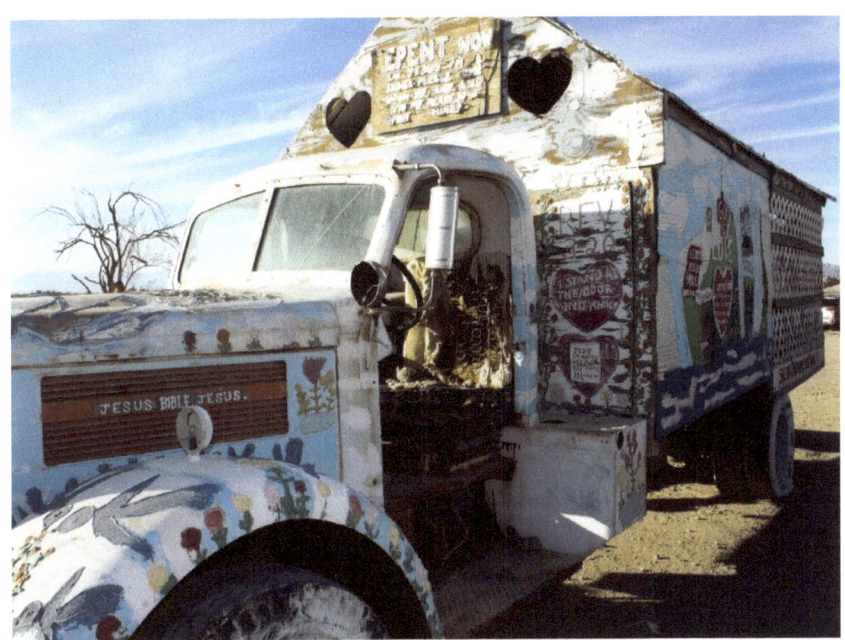

救贖山

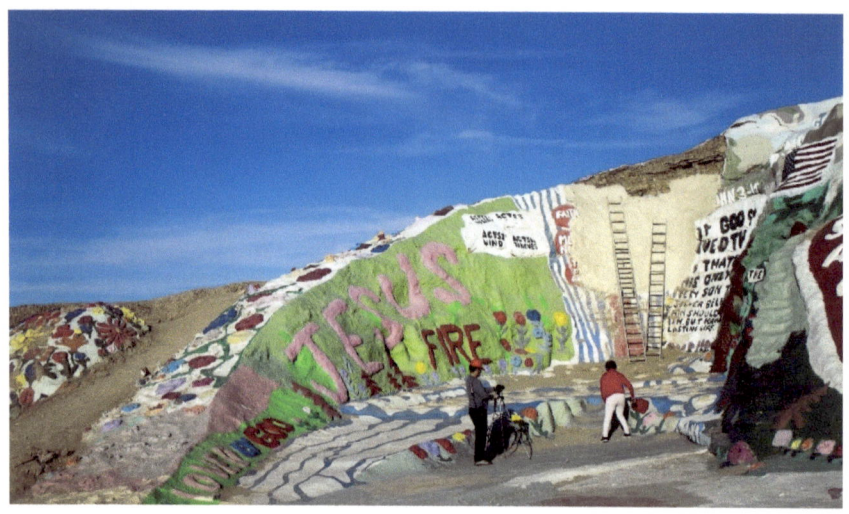

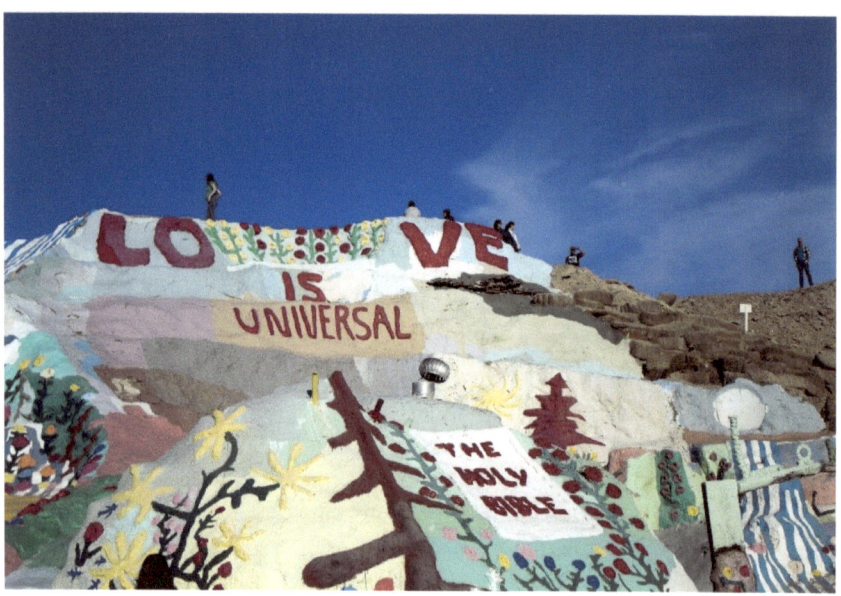

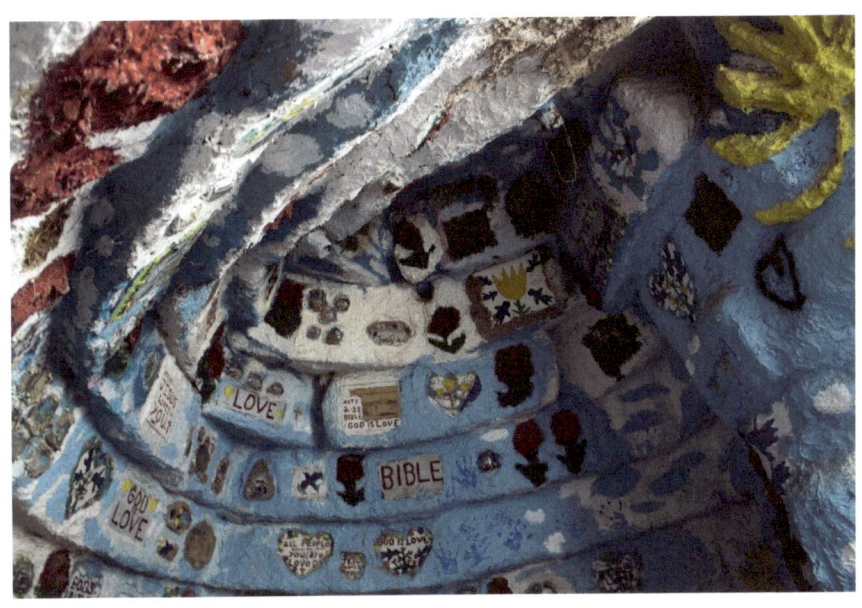

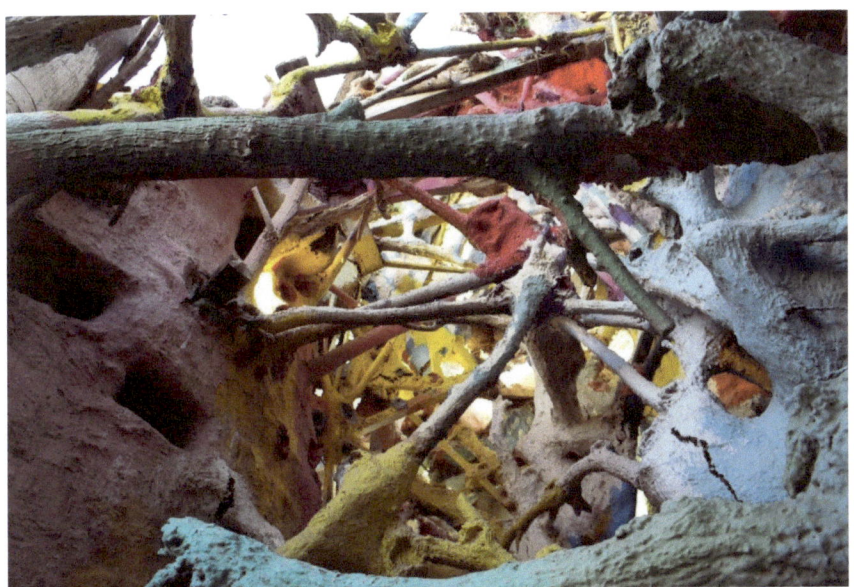

救赎山内西侧

救贖山

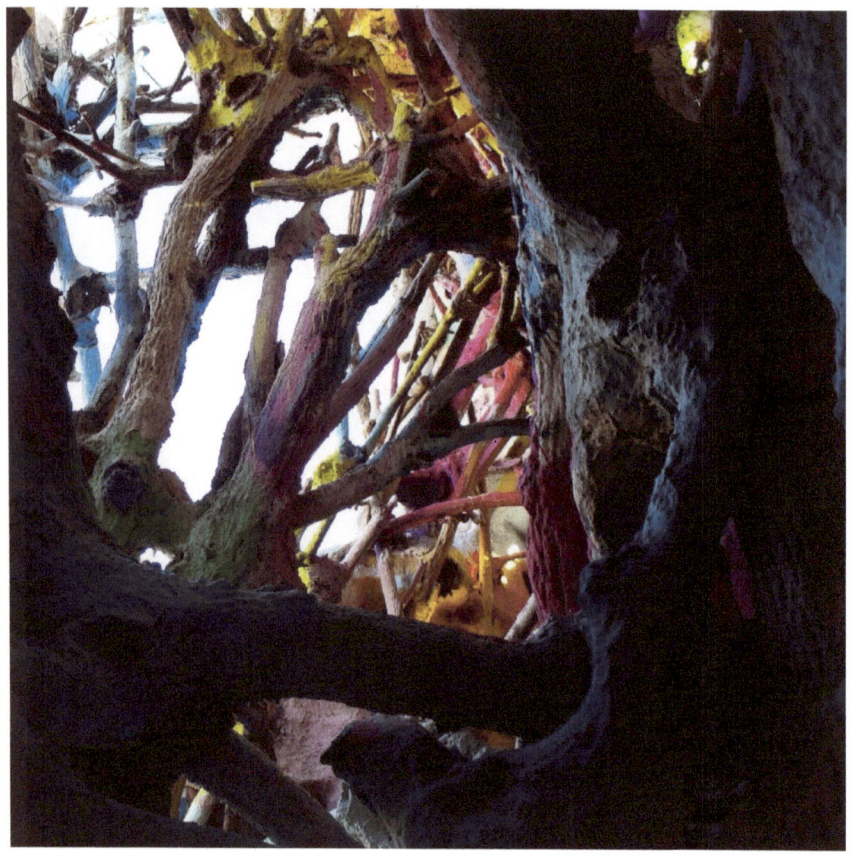

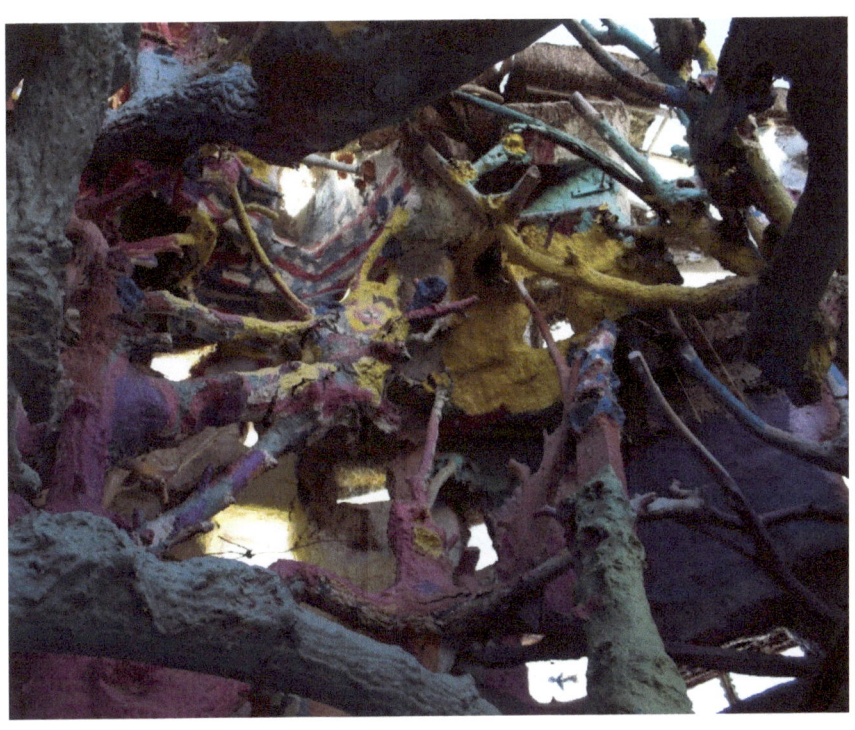

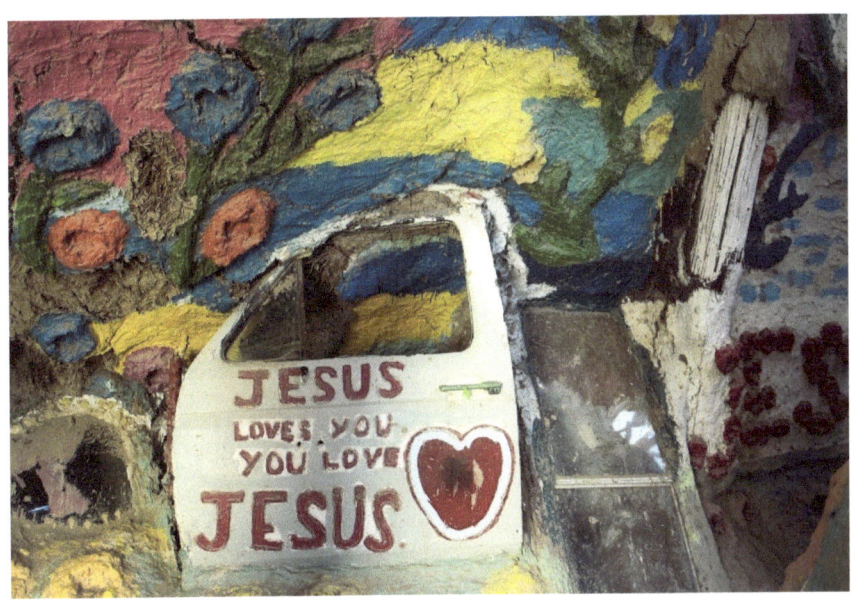

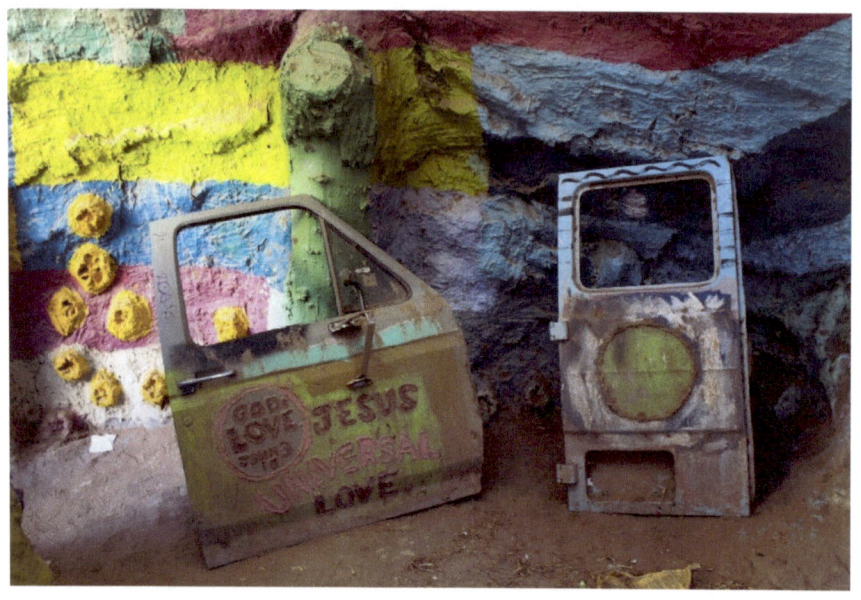

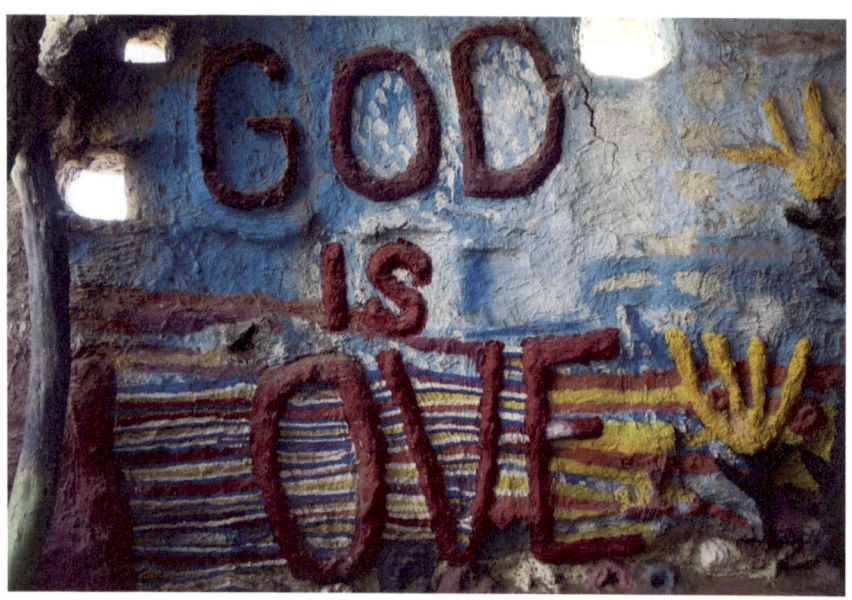

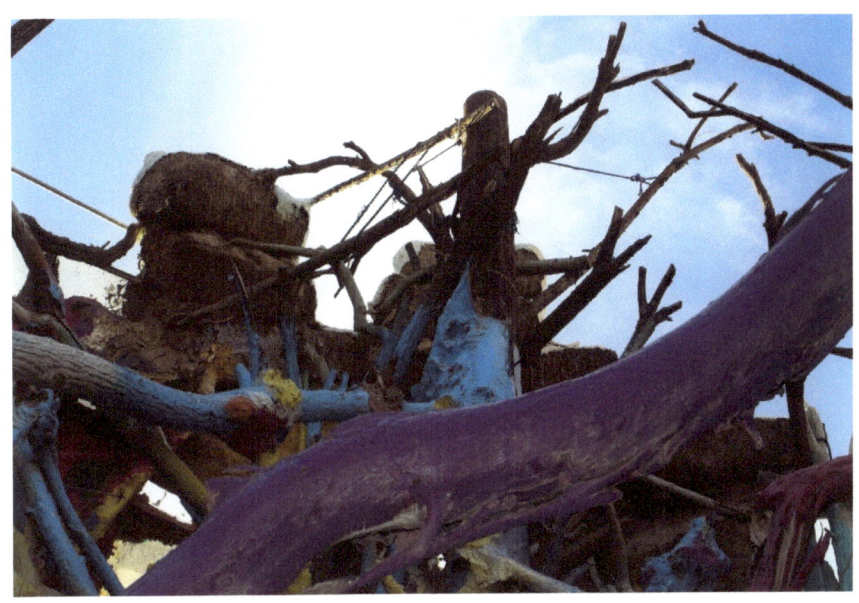

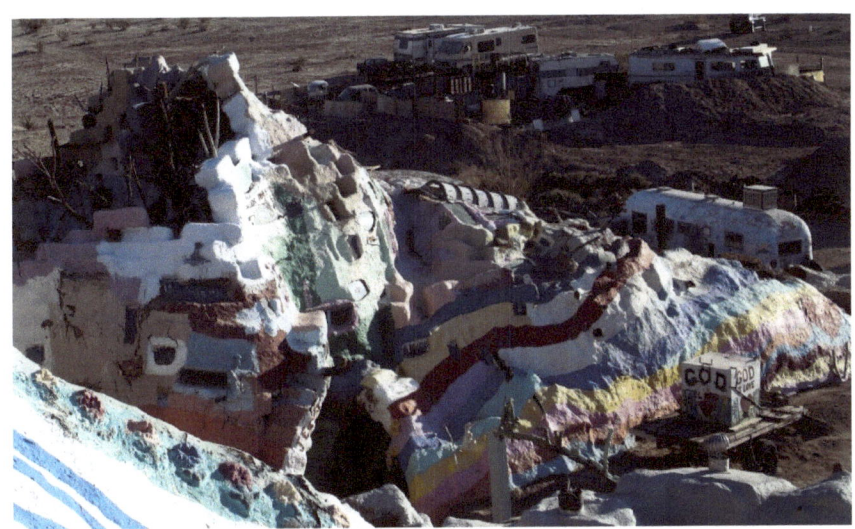

山顶风光

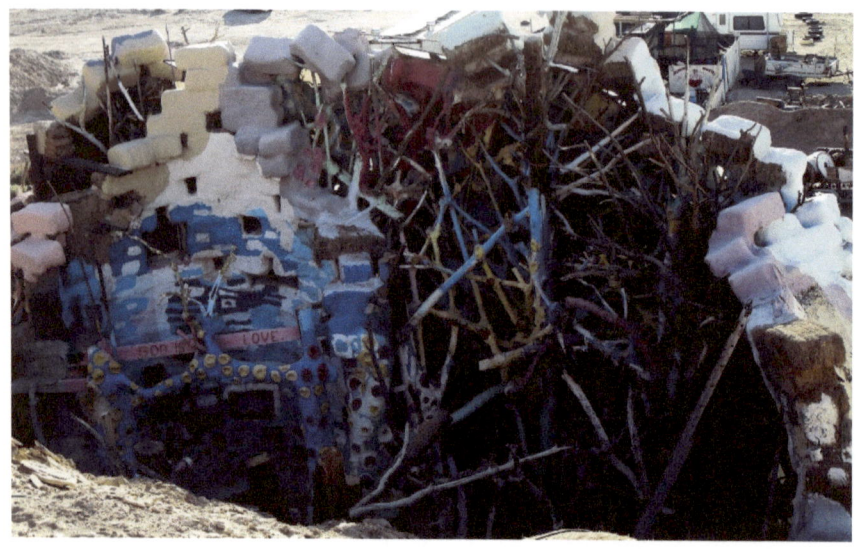

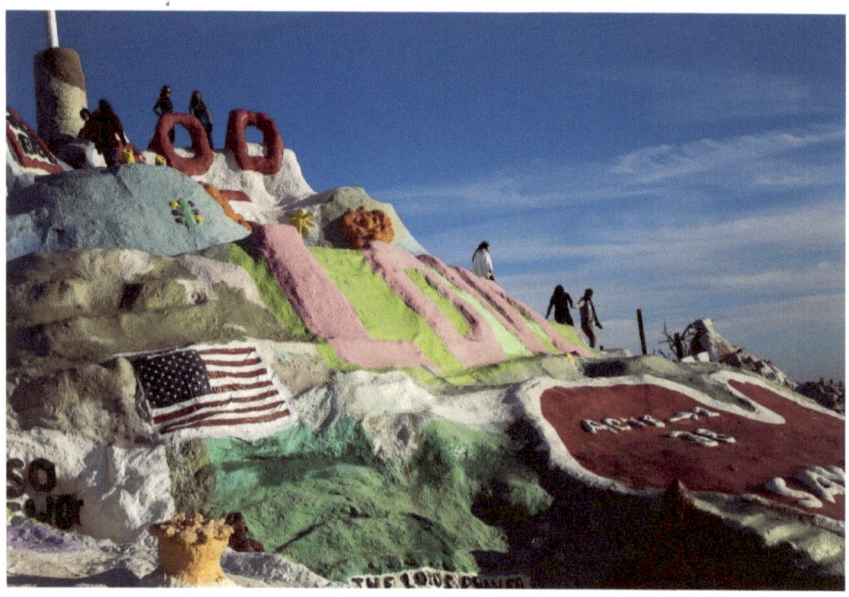

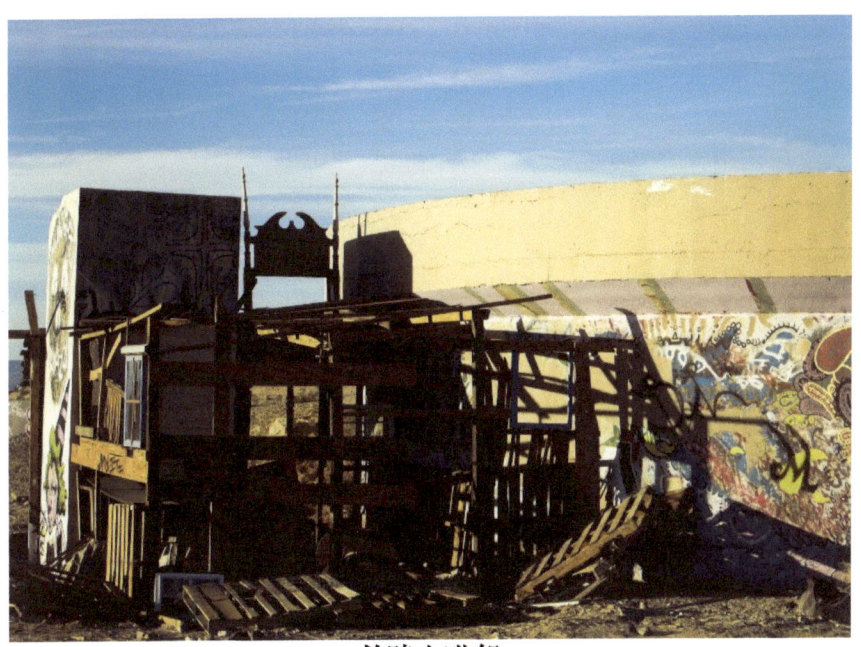

救赎山毗邻

板桥市(SLAB City), 加利福尼亚州

板桥市是救赎山东部约**1.5**英里（**2.4**公里）的一个营地。该营地始建于**1942**年，用作美国海军训练基地。海军军基地在**1956**年关闭后，所有的建筑被拆除。不过营地的基板还在。这就是为什么区域被称为"板桥市"的原因。

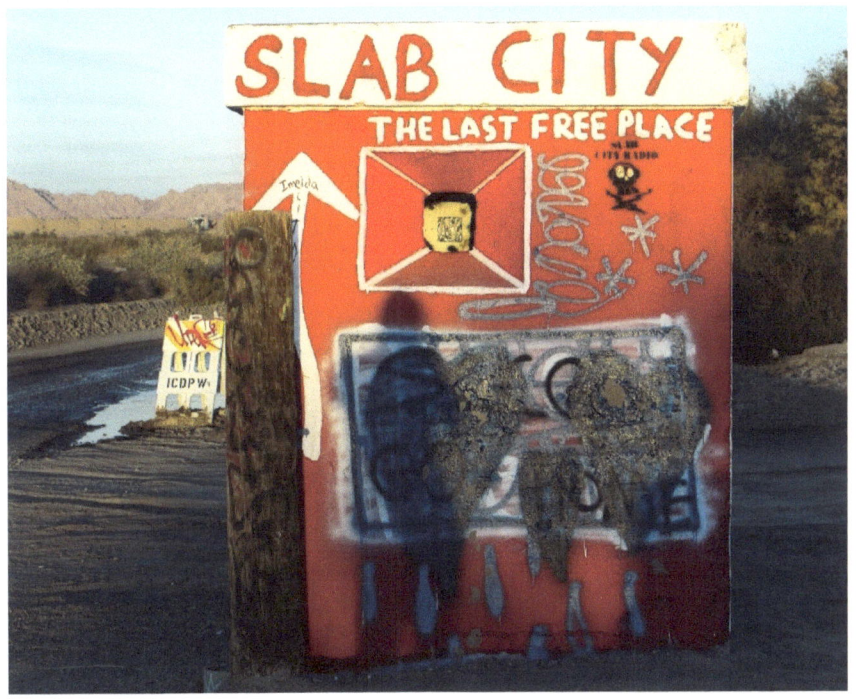

板桥市的使用者是来自全美各地的改装车车主和擅自占地者。由于夏季温度可高达**120°F**（**48°C**），大多数露营者只来这里过冬，夏天的时候则到北方去。不过，也有一些常年居住者。除了露营者，板桥市吸引了那些"远离喧嚣"的人群。 这里没有电，没有自来水，没有下水道，也没有厕所，没有垃圾清扫服务。

东耶稣区

东耶稣区是板桥市的一个区域。它并非因为宗教的缘故才被称为东耶稣区，而是来自一个古老的术语"无人区"。 它主要是一处艺术社区。有着许多用重复使用、回收或改变用途的材料制造成的雕塑。

我对板桥市的第一印象是，这绝对绝对是一个空无一物的城市。很多奇奇怪怪的人住在拖车里面。板桥市被认为是美国最后一个自由的地方。我不想去那里，因为我觉得它很危险的，很可怕。而拜访过这座城市之后，我还挺高兴的。所谓的东耶稣区是人们化垃圾为艺术的地方。太酷啦！

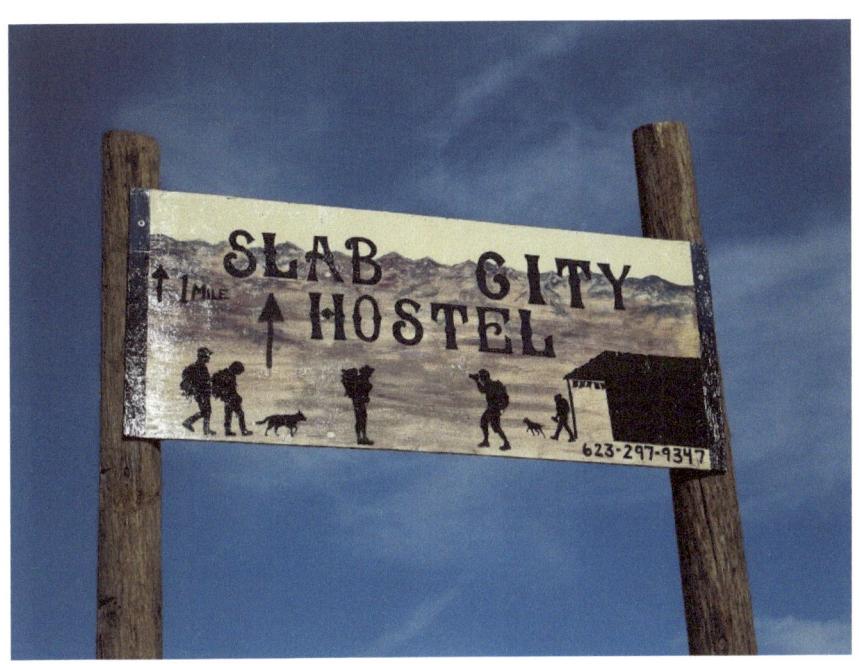

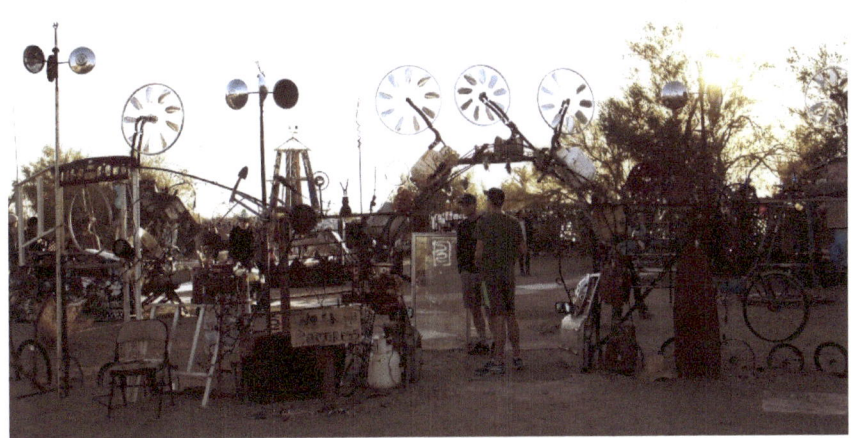

东耶稣区雕塑花园入口

板桥市（SLAB City），加利福尼亚州

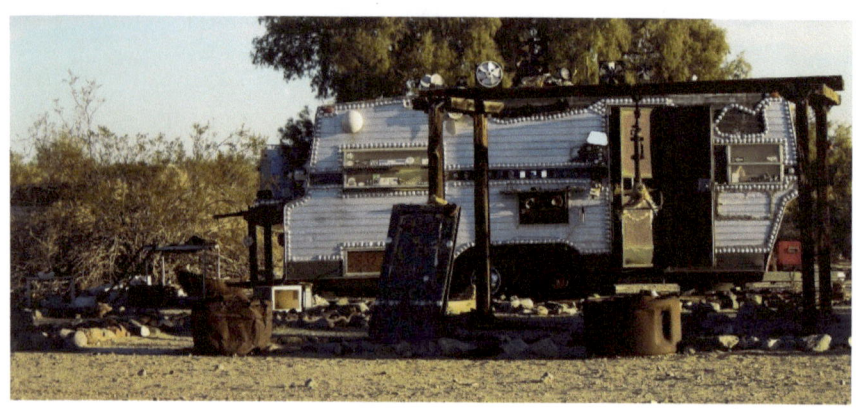

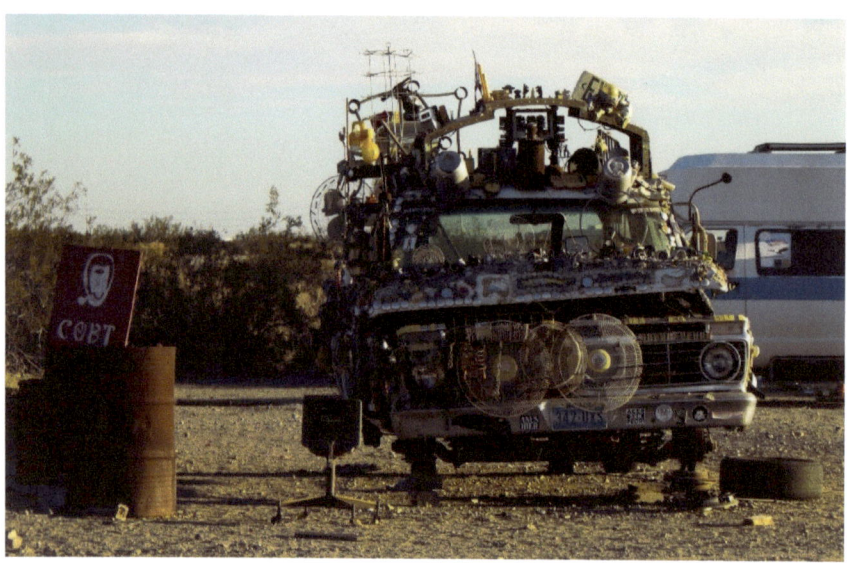

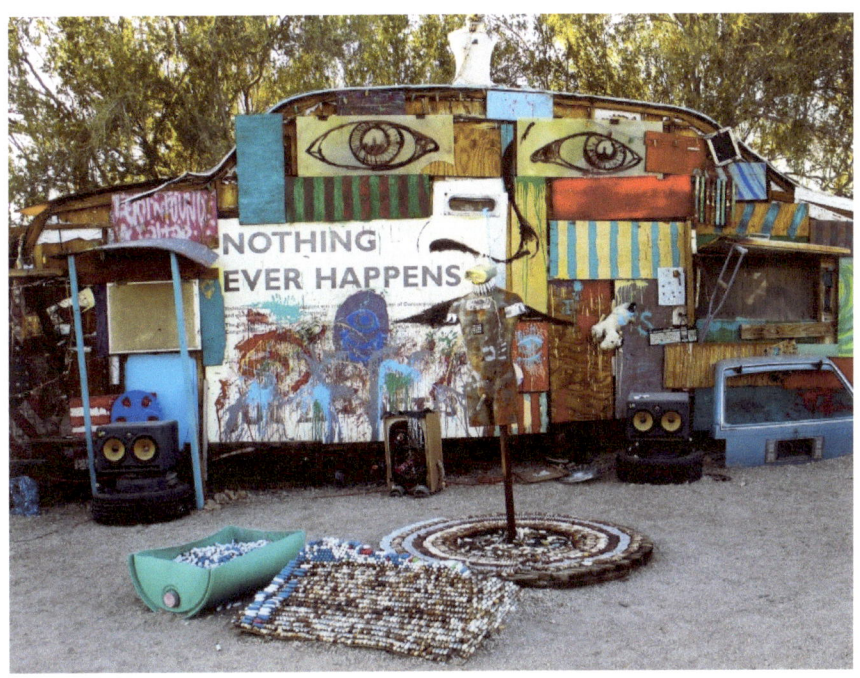

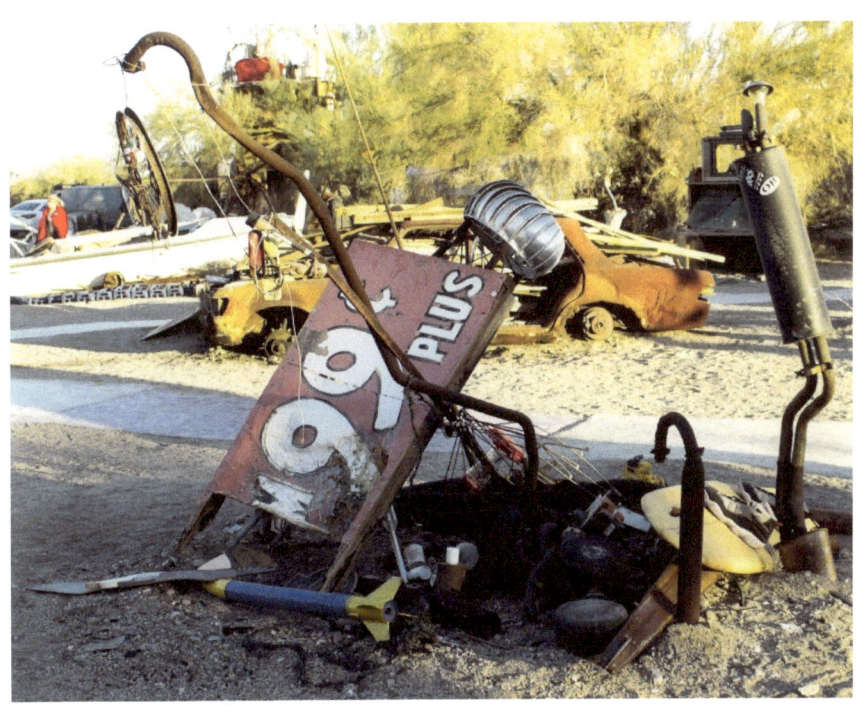

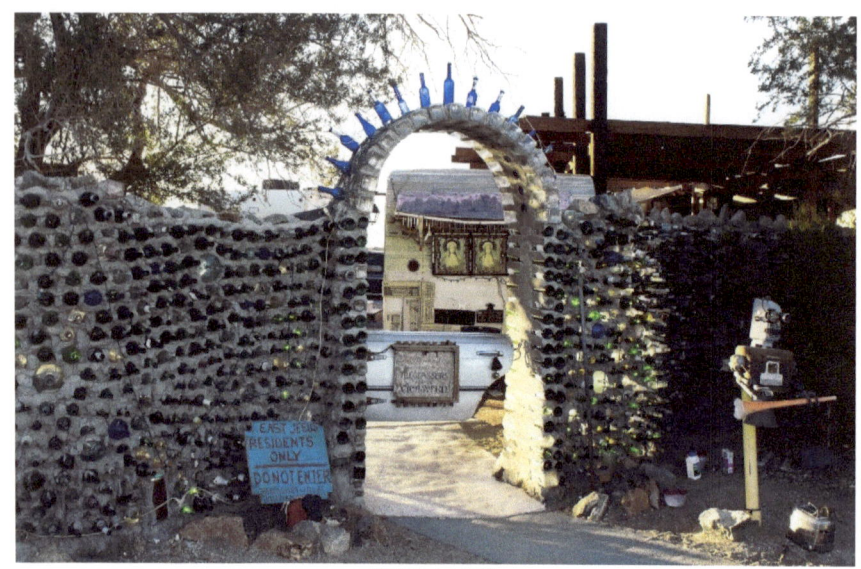

"瓶子墙"

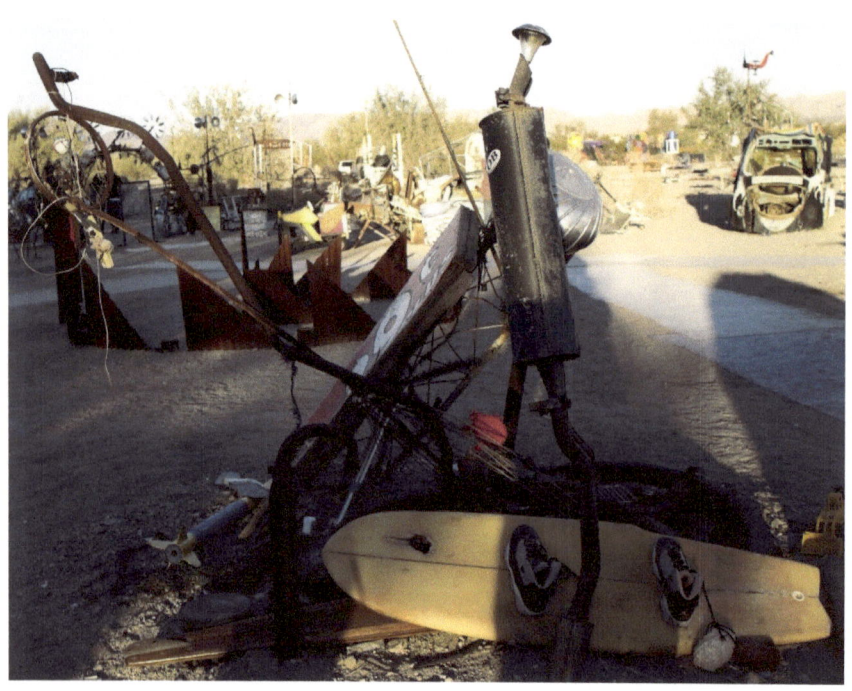

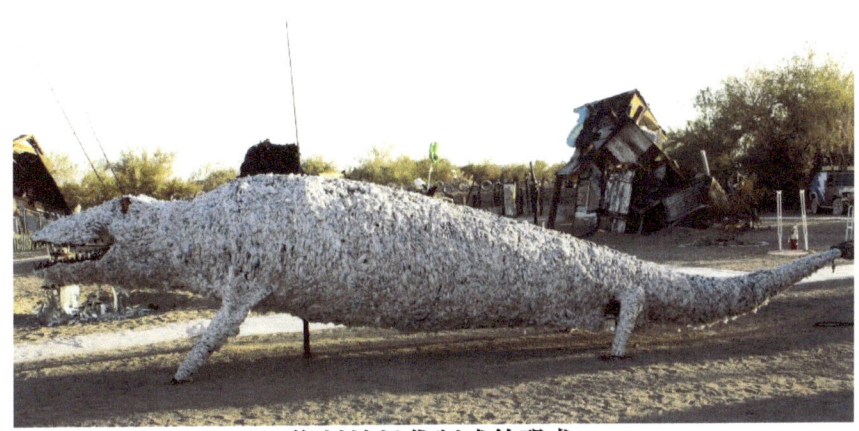

塑料垃圾袋制成的恐龙

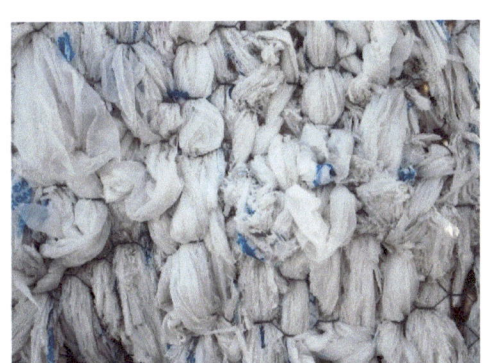

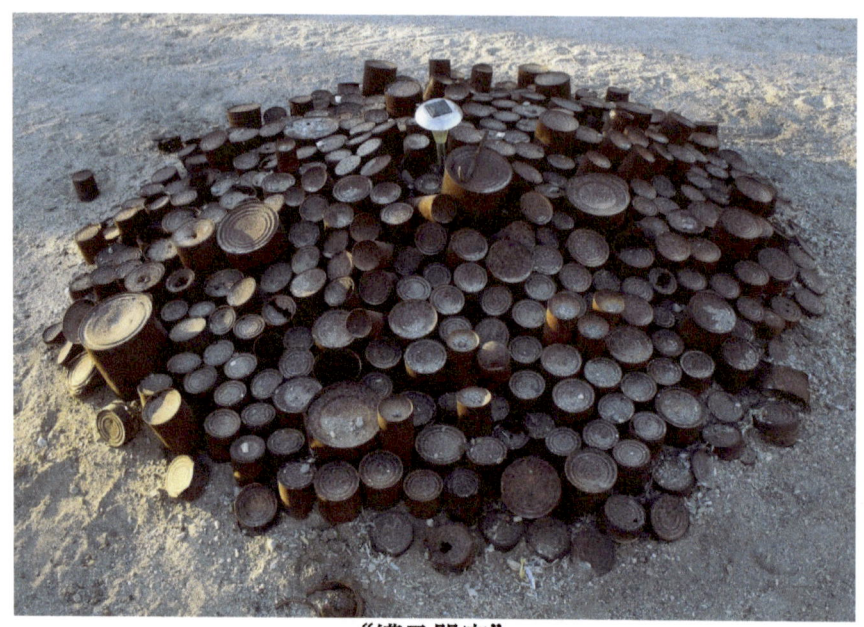

"罐子器官"

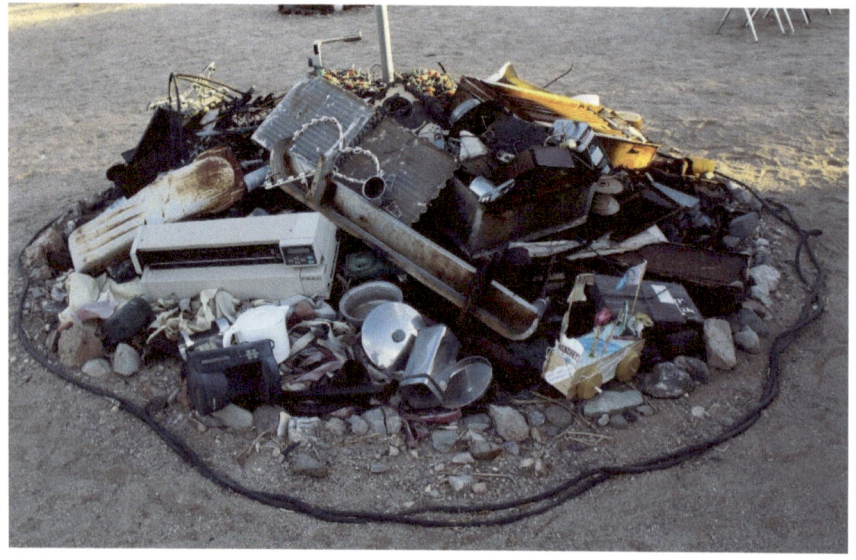

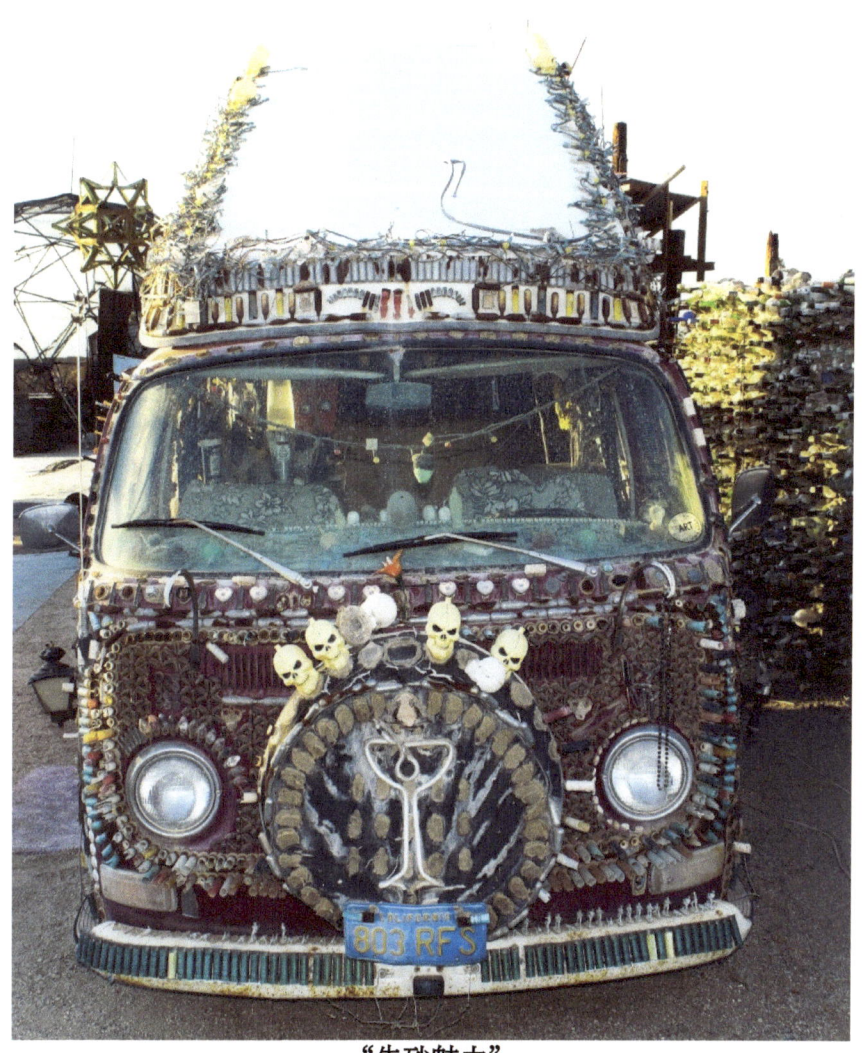

"朱砂魅力"

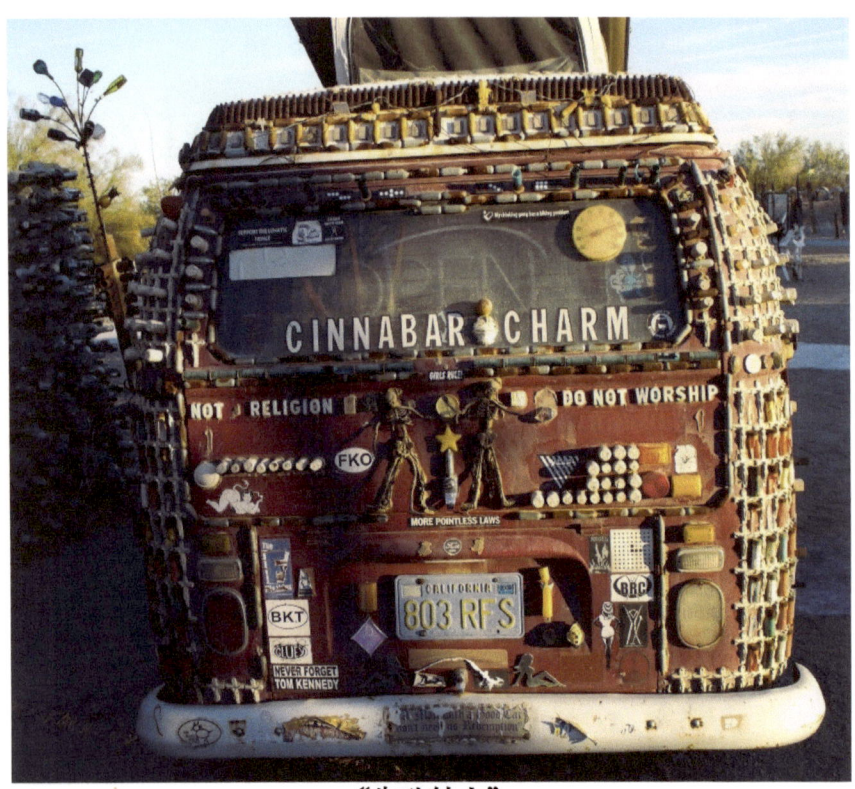

"朱砂魅力"

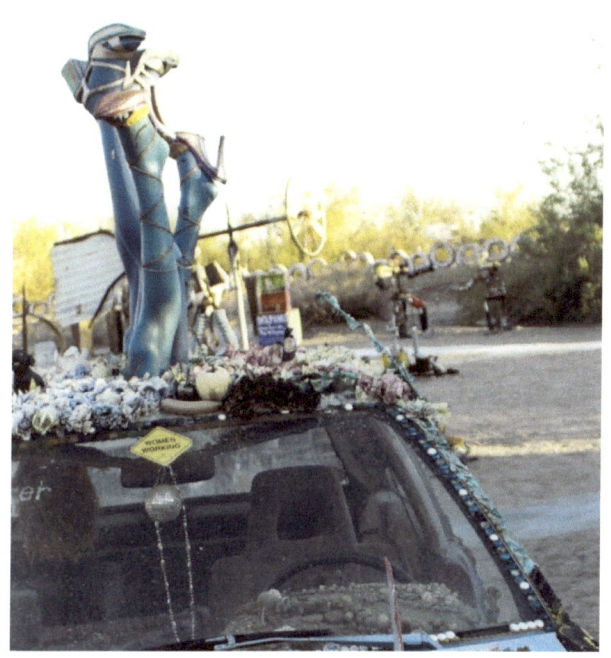

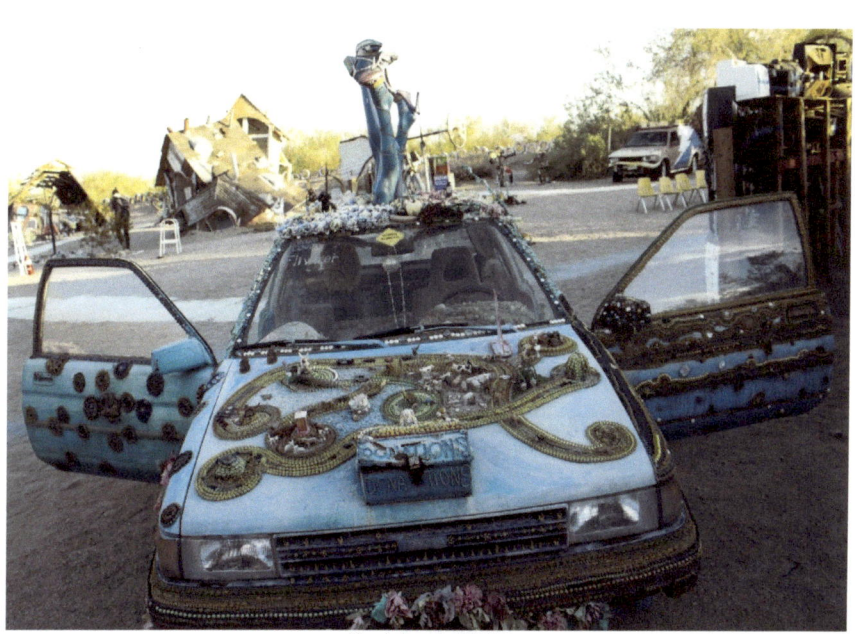

劳动妇女雕塑

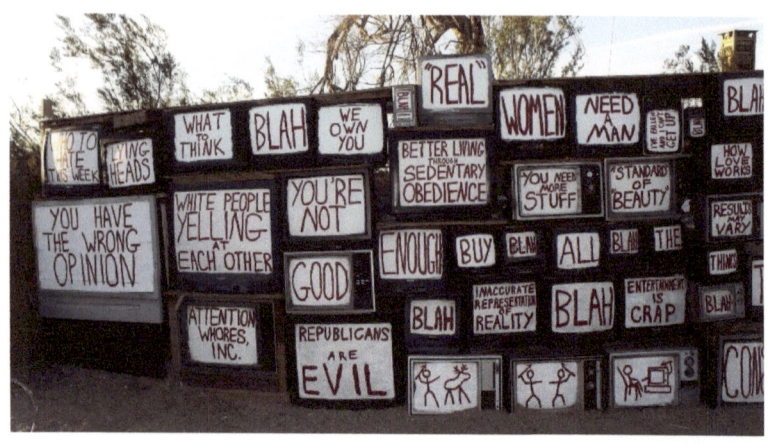

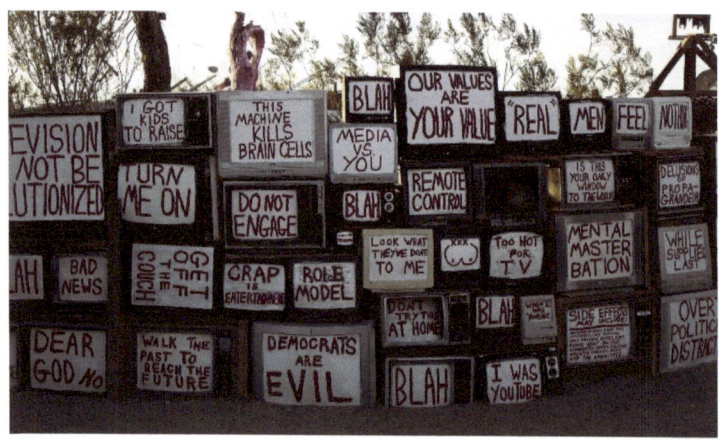

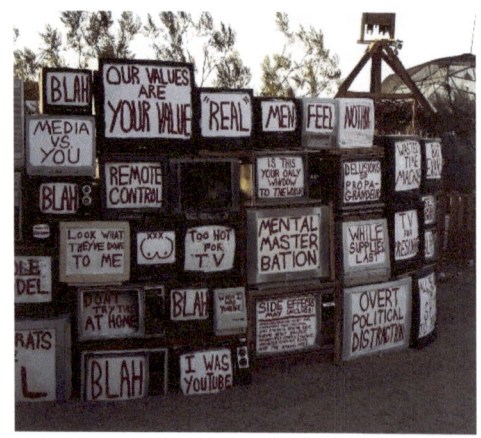

"电视墙"

60

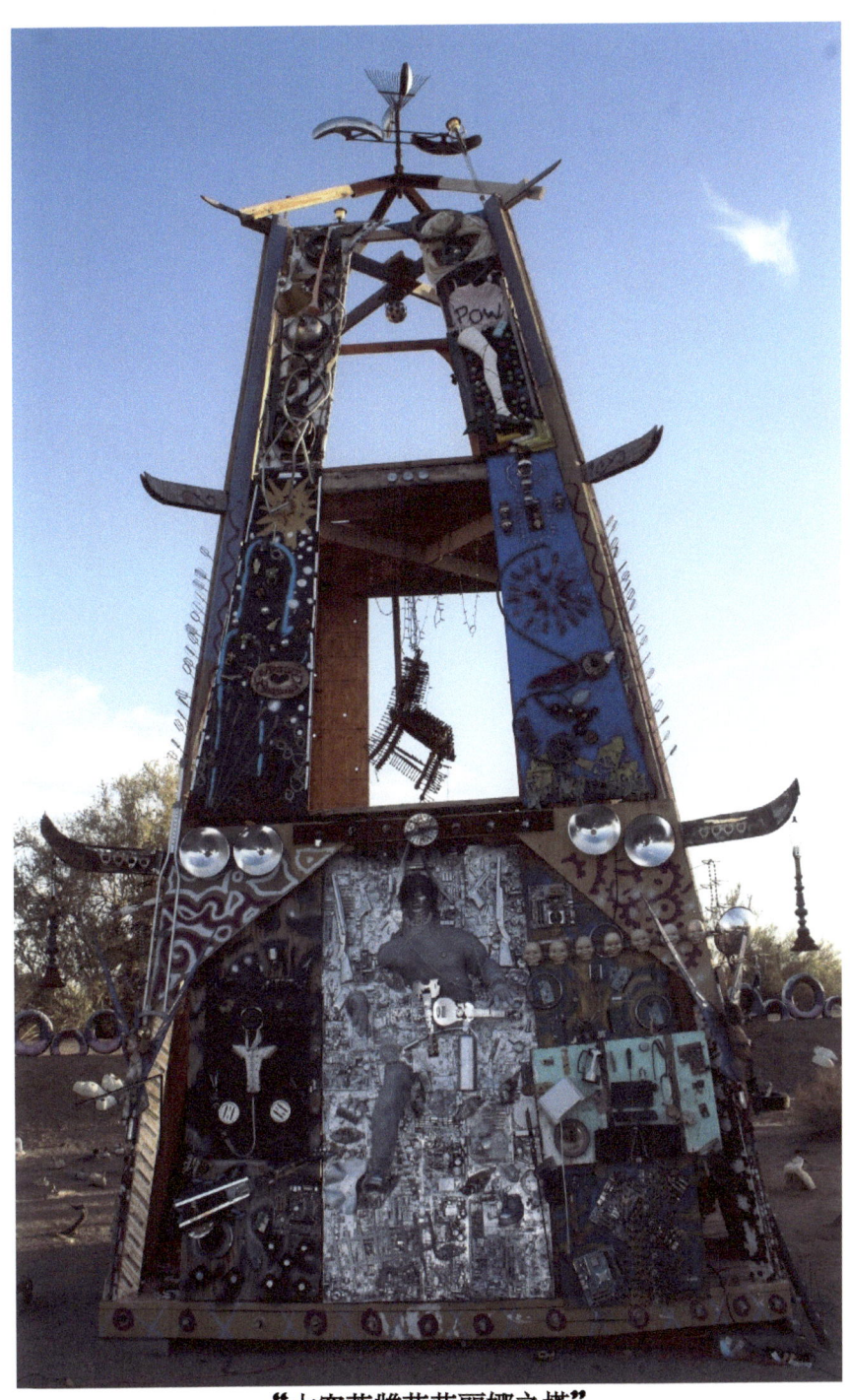

"太空英雌芭芭丽娜之塔"

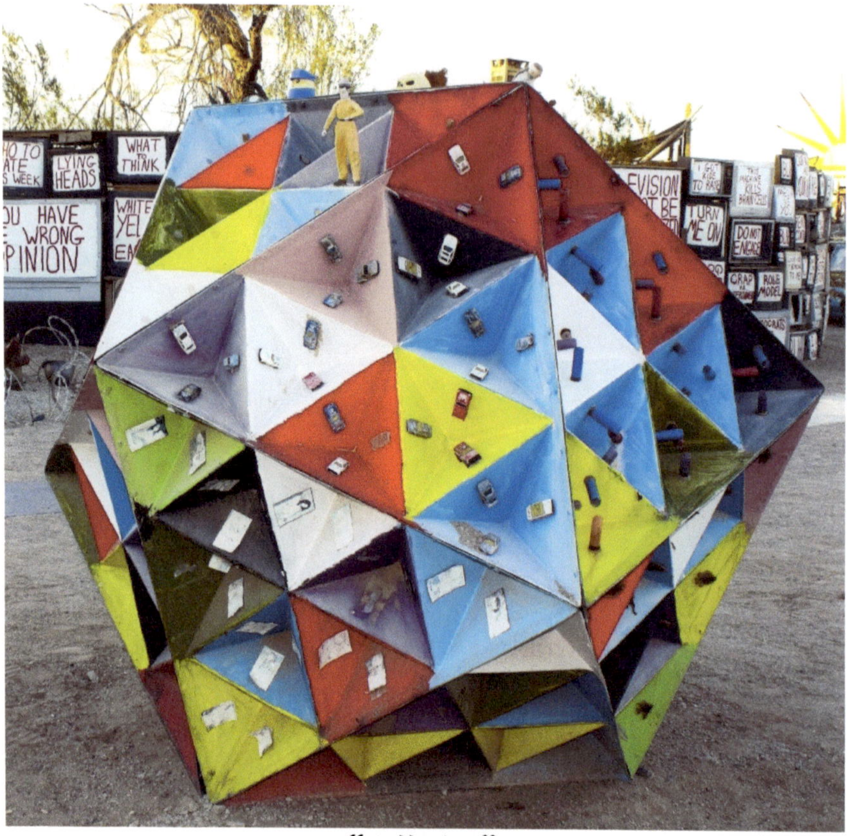

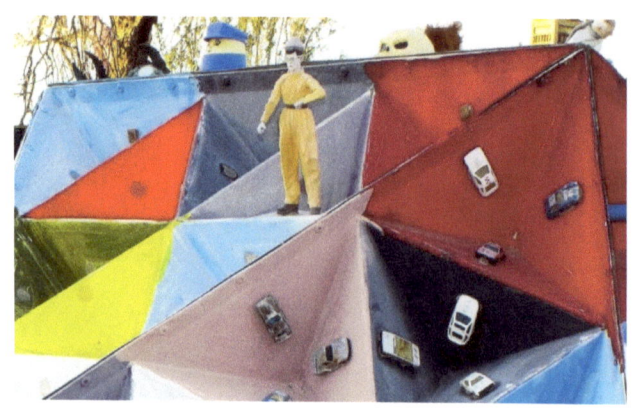

"人的恶习"

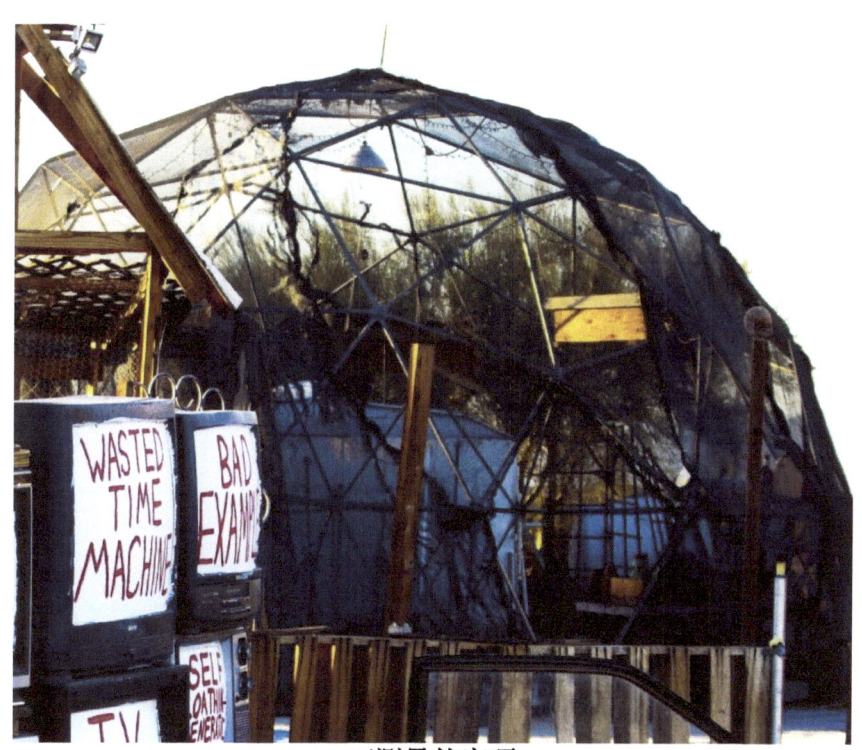

可测量的穹顶

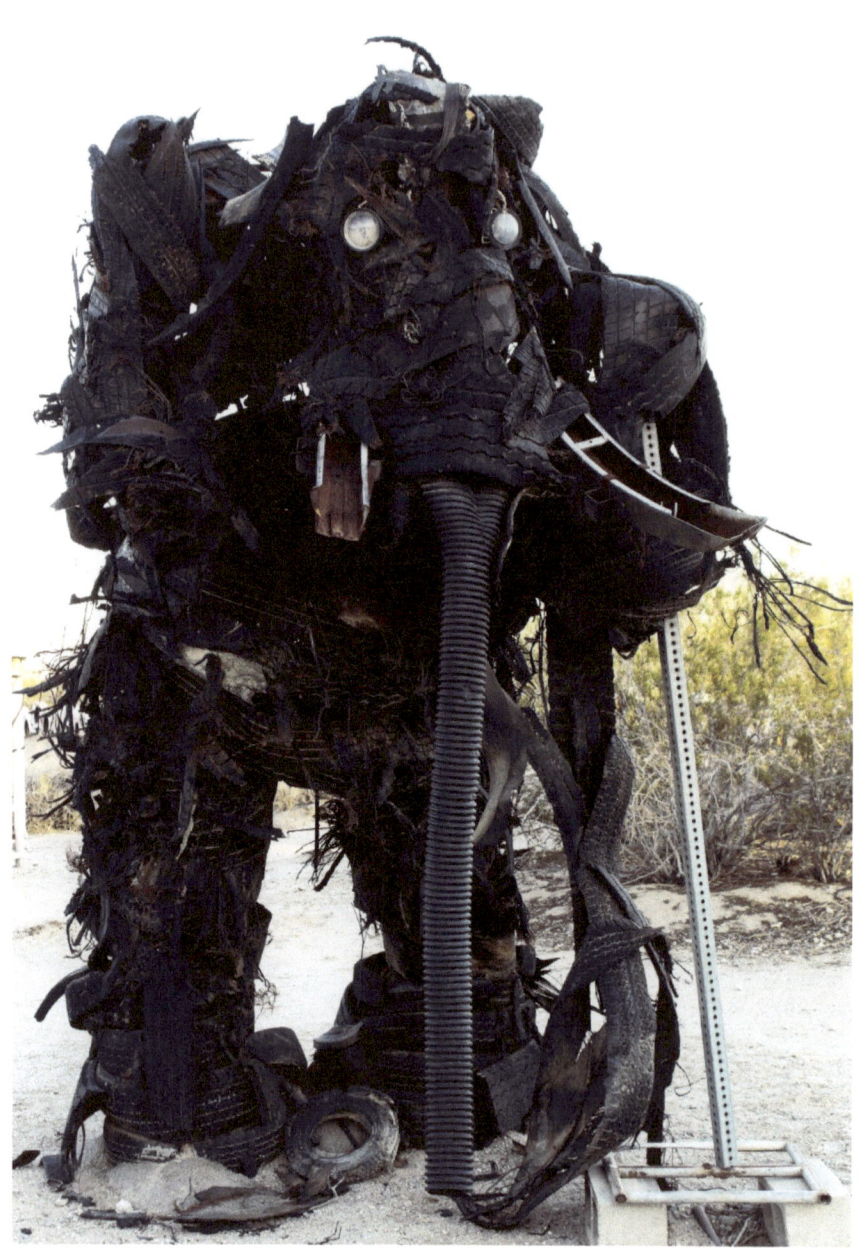

猛犸 "委屈的定义"

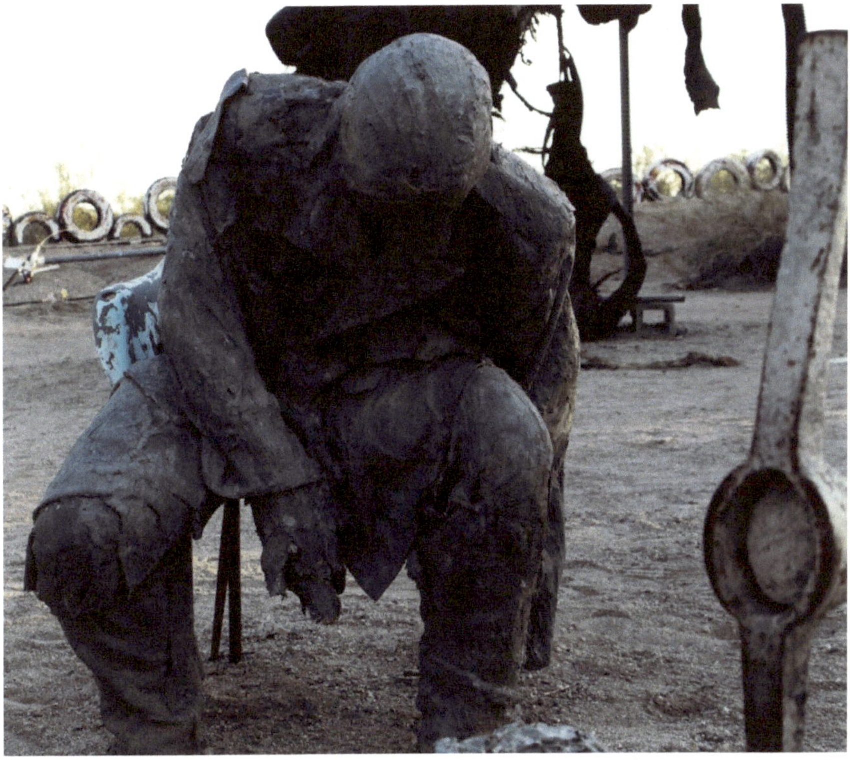

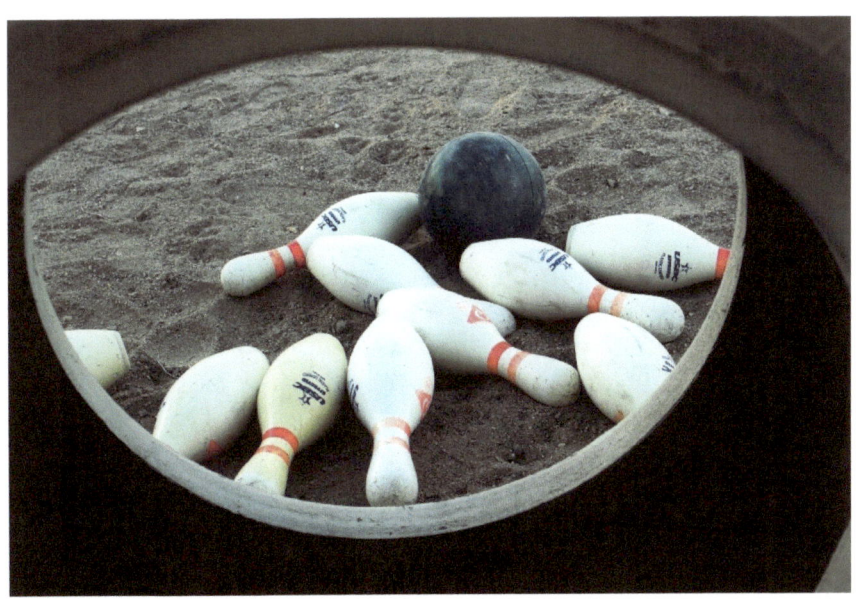

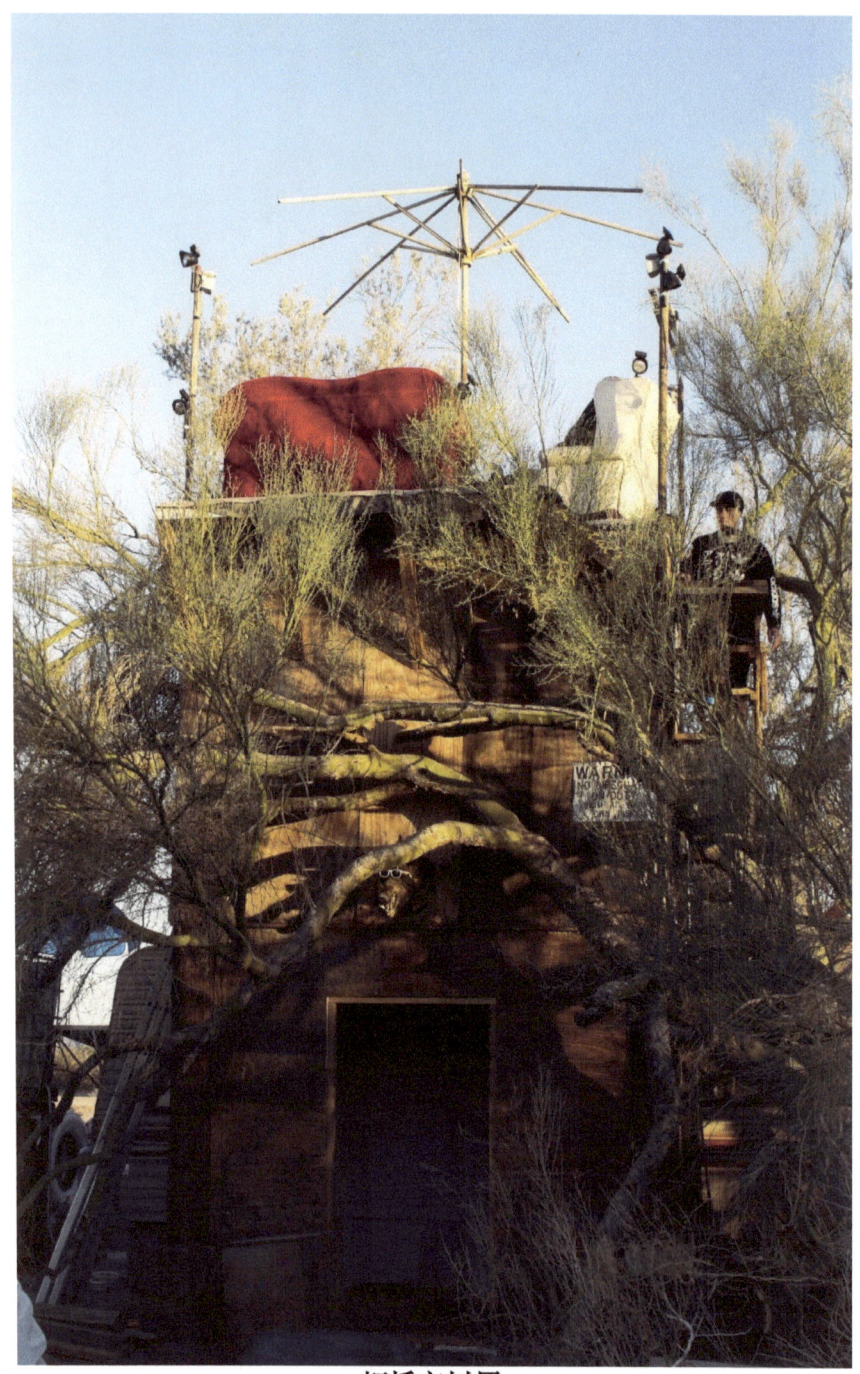

板桥市树屋

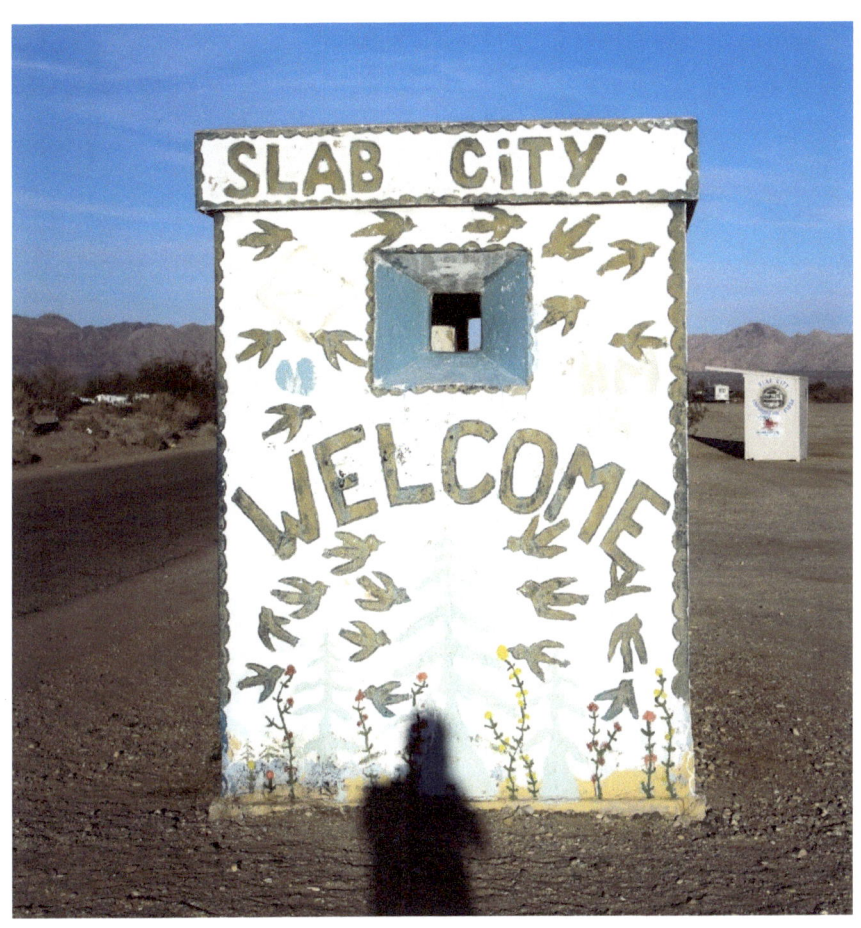

板桥市〔SLAB City〕, 加利福尼亚州

离开板桥时之后，我们路过索尔顿湖。拍到日落的海面，这张照片真是棒极了！

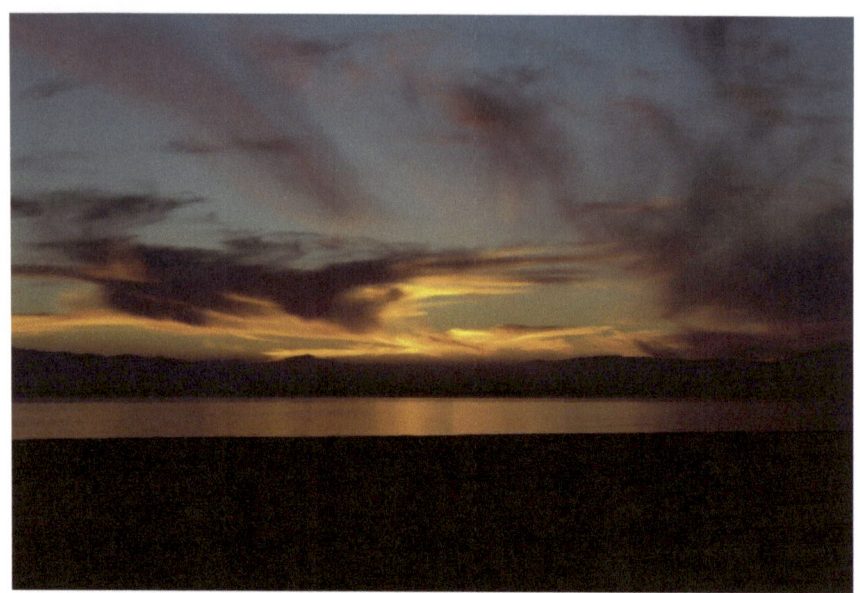

索尔顿湖上的落日

www.ingramcontent.com/pod-product-compliance
Lightning Source LLC
Chambersburg PA
CBHW040833180526
45159CB00001B/174